ANDRÉ MAUREL

○ ○ ○

PAYSAGES D'ITALIE

I

DE FLORENCE A NAPLES

VOLTERRA — SIENNE — MONTEPULCIANO — PIENZA
CHIUSI — CORNETO — OSTIE — PRATTICA — ARDEA
ANZIO — ASTURA — SUBIACO — PALESTRINA — CORI
NINFA — TERRACINA — FORMIES — GAETE, ETC.

PARIS
LIBRAIRIE HACHETTE ET Cⁱᵉ
79, BOULEVARD SAINT-GERMAIN, 79
1913

3 fr. 50

ANDRÉ MAUREL

o O o

PAYSAGES D'ITALIE

I

DE FLORENCE A NAPLES

VOLTERRA — SIENNE — MONTEPULCIANO — PIENZA
CHIUSI — CORNETO — OSTIE — PRATTICA — ARDEA
ANZIO — ASTURA — SUBIACO — PALESTRINA — CORI
NINFA — TERRACINA — FORMIES — GAËTE, ETC.

PARIS
LIBRAIRIE HACHETTE ET Cie
79, BOULEVARD SAINT-GERMAIN, 79
1913

PAYSAGES D'ITALIE

I

DE FLORENCE A NAPLES

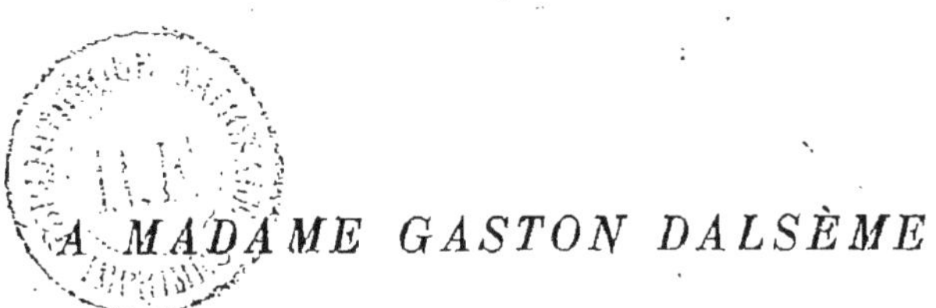

A MADAME GASTON DALSÈME

Lorsque, chaque année et depuis ta plus tendre enfance, je regagnais le foyer familial où tes soins filiaux s'efforçaient de faire oublier mon abandon, je te promettais, ma chère Yseult, de te promener bientôt dans cette Italie que je te racontais. Tu grandis ; l'heure avait sonné de renouveler les joies de la Venise que je mis, un jour de tes douze ans, sous tes yeux qui ne l'oublieront jamais. Apparut alors le loup ravissant qui réclame aujourd'hui son droit légitime. Emportez du moins avec vous cet itinéraire que je dressais, pas à pas, en pensant au plaisir de te le faire accomplir. Ma promesse, tu la tiendras pour moi : mets ce petit livre dans votre sac, et par ainsi, en Italie, voyagera tout de même avec toi ton père

A. M.

PAYSAGES D'ITALIE

I

LA FENÊTRE ENTR'OUVERTE

Volterra.

LA bienfaisante contradiction, source de tant de joies, et qui préside aux actions des hommes, constitue le plus impérieux des guides pour le voyageur. M'étant mis en route, voici plus de douze ans, vers l'Italie, sans autre dessein que de promenade, non seulement j'ai goûté le plaisir de systématiser bientôt mes étapes annuelles, mais encore j'ai connu la joie de ramener chacune à une formule personnelle. Et quand j'eus terminé, lorsque je crus avoir terminé mon périple, lorsque j'eus bouclé ma boucle, je m'aperçus qu'il manquait à ma connaissance — heureux prétexte de retour ! — bien des « petites villes » aussi éloquentes que celles d'abord choisies.

Je suis donc reparti, et voici qu'au bord de

ma descente vers Naples, voici que je suis encore précipité dans une contradiction nouvelle. Venu pour jouir exclusivement des paysages, c'est-à-dire du décor extérieur des choses, villes et campagnes, venu, avant tout, pour rendre à Sienne, à l'ardente et farouche Sienne, un hommage que je lui ai trop longtemps ménagé, je me sens, dès ce premier pas, saisi par un souci dont l'exigence m'importune. Ce n'est pas vainement, en effet, et j'étais bien léger de ne pas réfléchir à cet obscur instinct qui m'a conduit cette année, ce n'est pas en vain que, depuis cinq ans, depuis mon premier voyage à Rome, je me suis grisé de l'antiquité. Rome, Naples, Grande-Grèce et Sicile pèsent sur mon esprit d'un poids jaloux. Combien j'ai senti cela à Florence, toujours magnifique, généreuse et grisante, mais à son rang : quelle place élégante reprend la coupole de Brunellesco, lorsqu'on s'est assis à l'ombre des frontons de Pæstum, de Ségeste et d'Agrigente!

Je ne verrai plus rien de la beauté, si grande et exaltante qu'elle soit, et elle l'est, de la beauté moderne, sans la mesurer à l'étalon antique. Le point de vue est changé. Est-il plus raisonnable? Je ne suis pas ici pour juger, pas même mon propre cœur, mais pour

sentir. Et cela, je le sens vivement. Si je consens à admirer dévotement les merveilles de
la Renaissance, je ne puis plus le faire sans
penser aux quatre années passées à étudier
notre premier âge. Je m'imaginais que cette
course à Volterra, enfin accomplie, n'avait
d'autre raison que le dépit de l'avoir manquée
lors de ma première visite à sa voisine San
Gimignano. A peine ai-je mis le pied sur ses
remparts qu'une autre réalité encore s'impose.
Et ce voyage, tracé sur la carte selon ce que
je croyais uniquement ma curiosité et mon
équité, ce voyage, je m'aperçois tout à coup
qu'il va se relier tout naturellement et nécessairement à mes derniers.

Résolu de descendre à Naples le long de la
côte tyrrhénienne, sans autre projet que de
voir ce que je ne connaissais pas encore, pour
le seul plaisir de mes yeux, du haut du rocher
de Volterra, derrière les vieux murs si muets,
et si parlants pourtant, j'embrasse ma route
enfin. Et cette route, quelle est-elle ? Elle
ne traverse rien moins que les vieilles terres
légendaires de l'Étrurie et du Latium. Et ces
terres sont si vieilles que nous ne savons
autant dire rien sur elles, rien que ce que
leur maigre sein veut bien nous livrer. Seuls
les fantômes d'Énée et d'Ulysse les peuplent.

Si vieilles qu'elles n'ont pas d'histoire! Ici abordèrent et prospérèrent les premiers colons asiatiques et européens de l'Italie. Ils se civilisèrent, et c'est tout ce que le sol gratté nous permet de dire. Nous voyons les résultats, mais nous ne savons rien des causes ni des moyens. Nous ne savons pas sous quel régime politique et social ces peuples vivaient. Nous ne pouvons supposer que par analogie avec Rome, la Grèce et l'Asie. Rien autre de direct que des tombes et des ustensiles de ménage. Mais cela, c'est, à n'en pas douter, la poussière de la civilisation grecque, c'est l'argile dont Rome s'est pétrie. De Volterra, pour tout dire, à Gaëte, je vais parcourir les lieux où la Grèce aborda pour les féconder de l'empire romain.

Me voilà bien loin de mon premier dessein vagabond et simplement curieux! Je veux, du moins, en conserver quelque chose, si je le puis; je prendrai garde d'éviter toute rigueur; je ne craindrai pas de baguenauder un peu — Sienne et les paysages romains m'y autoriseront amplement. Lorsque j'arriverai à Gaëte, j'aurai assez satisfait à tous mes soucis pour n'en contenter aucun... Et la dernière contradiction sera la plus savoureuse de me maudire moi-même pour ma négligence à travailler avec suite et logique, tout en me félicitant de telle fugue qui me valut un tel plaisir. Volterra n'est-elle pas, d'ailleurs, la première à encourager mes intentions musardes? Ses murs à côté de sa forteresse, son musée auprès de ses palais, me dictent ma conduite. La préhistoire, le moyen âge et la Renaissance se sont accommodés, s'y gîtant et y florissant, des noires pierres des âges inconnus; je ferai comme eux, mêlant à mon tour le moderne à l'antique, butinant le miel de toutes les fleurs sans chercher si elles font partie de la même famille. Graminées ou rosacées, on les nomme toujours fleurs. Nous les cueillerons toutes pour en faire un bouquet champêtre, où jusque les chardons ne manqueront pas.

—Sans doute, il est bien dommage d'arriver à Volterra au moyen d'un chemin de fer à crémaillère. Et si je m'étais pressé davantage, la vieille calèche de nos pères m'eût traîné sur le serpent de la route. Depuis huit jours à peine, la crémaillère fonctionne. Volterra en attend beaucoup de prospérité. Mais, après tout, la calèche est-elle plus étrusque que le chemin de fer? Il faudrait ici le cheval ou le le char à bœufs — et il manquerait toujours le costume. Résignons-nous donc à la locomotion quelle qu'elle soit. La voie ferrée suit la route à peu près, et, traîné par le cheval-vapeur ou

par le cheval tout court, voici toujours la même
montagne que nous grimpons tous les deux.

De la plaine de Cecina, sur la ligne de Pise
à Rome, où s'embranche la crémaillère, Volterra apparaît déjà couronnant les cimes, cherchant de ses yeux braqués l'horizon de la mer
et des îles. Ce mur des montagnes, que la ville
couronne, cache derrière lui la Toscane mou-
vante de plantureuses moissons sur ses monts
ondulés. Et Volterra, commandant ainsi à la
plaine et à la montagne, est déjà bien fière.
Elle tire sa longue ligne, au-dessus des plans
que la route coupe en terrasses, depuis la pointe
de sa forteresse jusqu'au tournant de ses murailles étrusques couvertes de lierre et de fleurs
sauvages. Des tours piquent l'azur, des portes avares trouent la muraille de petits yeux
noirs. Et plus on avance, plus la ville se hausse,
se dresse plus hautaine à mesure qu'on l'approche, repoussant la familiarité d'un contact.
Déjà, je vis des villes haut perchées, Pérouse,
San Gimignano, Sienne et tant d'autres,
jamais aucune qui possédât un air aussi distant,
non pas revêche, mais intimidant. Volterra
respire la majesté. Elle a conscience d'être
assise sur un trône. Vieille reine d'un petit
royaume, elle vit de son imposant passé mystérieux. Et ce qu'on sait d'elle, de la sauvagerie

avec laquelle Florence la viola et littéralement
égorgea, ne lui inspire qu'orgueil d'avoir pu,
elle chétive, assez effrayer la grande Florence
pour mériter tant de sévérité.

C'est la forteresse, dont le mur étendu en
ligne sèche et infinie se voit depuis les premiers tours de roue, c'est la forteresse qu'il
faut d'abord aborder. On la longe longtemps, et les monuments à Garibaldi et au
grand-duc Léopold de Toscane, qui s'abritent
sous ses bastions, ne la rendent guère plus
avenante. Quelle prison ! Voilà six cents ans
qu'elle est prison. Florence y envoyait ses
coupables. Les Pazzi y expièrent la mort de
Julien. Le dernier gonfalonier, Girolami, y
finit ses jours. Un Acciaioli y pourrit pour des
histoires de femme. Laurent se montra envers
Volterra d'une sévérité implacable. Au point
que, à son lit de mort, il ne put obtenir de
Savonarole, qui excusa le reste, le pardon de
sa rigueur cruelle envers Volterra. Au fond,
ce que Laurent ne put admettre de Volterra,
c'est d'être si hautaine. Quelle porte elle
offre, après un mur si nu, sans fenêtre aucune, où les seules ombres sont projetées par
des courtines ! Porte étroite et profonde, d'un
arc élancé, ramassé sur ses bases pour se hausser encore — pour mieux et plus vite serrer

dans son étau, peut-être. Et les murs, les vieux
murs si solides qu'on n'en sait pas l'histoire,
de continuer aussitôt, assis sur le rocher à pic.
Rocher ? C'est un prodige : le mur reste plus
ferme que le roc. Rien de plus instable que ce
sol. De calcaire friable, il glisse incessamment,
et des précipices tout taillés de larges fendasses restent béants. Au xviie siècle, trois
églises et un monastère s'écroulèrent d'un
coup. En 1895 encore, la vieille Badia tomba.
Volterra tient bon cependant. Nous savons,
par la *Cloaca-maxima* de Rome, que les ouvrages étrusques défient le temps. Il y paraît ici
davantage. Ces murs, en effet, ne conservent
pas qu'eux-mêmes. Ils semblent avoir raffermi
le calcaire aussi, l'avoir agrégé et rendu in-
dissoluble. Ils le retiennent positivement : les
écroulements d'églises se sont produits en dehors de l'enceinte. Enlevez la ville, et la montagne croulera. Elle en est la clef. Ville et montagne
ainsi unies émanent le même parfum puissant.
Cette ville est la montagne même, sa fleur la plus
brillante et la plus violente. De la montagne
elle prend tout son caractère massif et fort, son
aspect altier, sombre et farouche ; et la ville du
moyen âge, bâtie sur les fondations étrusques,
s'est bien gardée de changer quoi que ce soit
à l'allure qui lui était transmise.

Aussi, avant de voir la ville, en ai-je fait le tour, et suis-je entré au musée. Ces murailles indestructibles et tutélaires, leurs blocs énormes posés les uns sur les autres sans souci de se joindre, dont l'équilibre n'est dû qu'à la masse et non à la cohésion, que parle-t-on, auprès d'eux, de murs cyclopéens ? Poly=phème dut jeter sur le vaisseau d'Ulysse des blocs de cette taille. Ceux qui surent les rouler jusqu'ici, à six cents mètres au-dessus de la plaine, comme si ce perchoir ne les garantissait pas assez encore, quels hommes ils devaient être ! En vain j'interroge, tandis que je marche sous l'ombre des beaux rameaux qui semblent les fleurs naturelles de l'enceinte, en vain j'interroge l'histoire. Elle n'en sait guère plus que je n'en puis apprendre tout à l'heure. Elle ne voit que Hérodote qui la renseigne ; et Hérodote, n'indiquant pas ses références, reste fort suspect... Rareté des textes ? c'est à peine si M. Jules Martha vient de déchiffrer enfin cette écriture-là !

Vers le xe siècle avant Jésus-Christ, sans doute, des peuplades arrivèrent d'Asie en Italie, bien que certains prétendent qu'elles étaient autochtones. Les Étrusques cultivèrent la Maremme alors fertile, la mer étant plus basse en ce temps-là qu'elle n'est aujourd'hui, et grimpèrent, pour s'y loger, sur les hauteurs. D'Asie, ils avaient apporté leurs mœurs; bientôt des frères grecs, au vi⁰ siècle, renouvelèrent celles-ci, les retrempèrent. Et lorsque Tarquin se rendra, de Tarquinies, à Rome, ce sont des usages étrusques et grecs qu'il y introduira. Environ sept cents ans après leur débarquement, les Etrusques disparaissaient, anéantis par les Romains, leurs neveux si ce n'est leurs fils. Rome a supprimé toute trace de son forfait. On ne sait rien de plus. Rien des origines réelles, fort peu du gouvernement, rien des vicissitudes, des guerres — sauf romaines... et par les Romains! — de la science, des idées, de la vie même. Les seules conjectures qu'il soit permis de faire, c'est au musée qu'elles peuvent prendre consistance. Là seulement, les Etrusques nous livreront les quelques secrets qu'ils croyaient bien avoir confiés à la tombe.

De cette tombe ont jailli à Volterra, au xviii⁰ siècle, plus de six cents urnes funéraires, et tout l'appareil d'une mort qui voulait prolonger la vie, en disposant autour du cadavre les objets familiers, colliers, fibules, verres, vases, strigiles, monnaies, parures d'ivoire, harnais, etc. Sans doute les moins anciennes de ces urnes ne datent guère que du iii⁰ siècle.

Combien donc dut être fraternelle l'action des émigrés grecs du xe siècle, pour avoir été si bien suivie par les émigrés du vie siècle ! Car ce qui saute aux yeux, c'est le caractère grec, purement grec de ces petits sarcophages. Tout de suite, alors qu'on croyait à une civilisation particulière, la vieille chanson homérique résonne, la divine histoire se déroule. Pas un seul de ces tombeaux qui ne raconte les fables charmantes dont les hommes latins se sont toujours bercés. La descente aux Enfers, le siège de Troie, la prise de Thèbes, Médée fuyant Corinthe, Dircé et le taureau, Hélène et les Dioscures, Oreste et Pylade, Pâris et Ménélas, Persée, Œdipe et le sphinx, Egiste et Clytemnestre, Iphigénie, Etéocle et Polynice, les Amazones, Circé, tout est là, répété cent fois, inlassablement, les morts honorés par les fables des vivants, celles qu'ils aimaient le plus, qui avaient nourri leur cœur. Si l'on veut donc former sur les Etrusques les hypothèses les plus vraisemblables, il faut penser à la Grèce, Mais les figures qui couronnent les urnes, les « portraits » du mort ne viennent-ils pas contredire cette conclusion ?

Stendhal avait remarqué, l'un des premiers, que les têtes des statues grecques étaient presque toujours inexpressives. Et à Rome,

au Vatican, j'ai cherché la raison de cette indifférence, apparente tout au moins, de l'artiste
grec devant le visage humain ; les mœurs pro-
pices à la nudité, qui permettait au sculpteur
de ne pas concentrer son attention sur la figure, mais de saisir l'expression du sentiment
sur le corps tout entier, ces mœurs me paraissaient justifier ce manque d'intensité, tout au
moins, dans l'expression du visage. Et voici
que l'examen des urnes étrusques m'apporte
un nouveau témoignage. Dans ces contrées
nouvelles, aux altitudes où les Etrusques se
perchent, sans doute pour se garantir contre
les formidables invasions aryennes descendues
de l'Europe centrale, plus tard contre les Gaulois, dans ces contrées il faut se couvrir. Le
corps reste donc caché. On ne lit plus les pensées que sur les fronts. L'artiste alors, de porter son attention sur les yeux, sur la bouche,
sur le visage seul, enfin. Il prend ce qu'on lui
livre. Et le réalisme grec, si général, devient
exclusif en terre italique. Le canon de Poly-
clète est retourné. Le prodige de ces petits
monuments réside dans le contraste entre les
reliefs de l'urne proprement dite et les figures
qui la couronnent. Ceux-là — le simple décor
— gardent la tradition. Toute leur beauté
est grecque pure. Pâris dévoilé, le siège

de Thèbes, Ulysse et les Sirènes, l'enlèvement d'Hélène sont des œuvres que signerait l'ouvrier de l'Acropole. Ses portraits, au contraire, on n'en trouve, dans tout l'art de la Grèce, aucun analogue. Même les plus poussés gardent une sérénité, un souffle idéal, jalousement écarté ici. Voyez, au-dessus de l'enlèvement d'Hélène, cette femme étendue. Elle étale un ventre maternel, que de nombreuses parturitions ont déformé. Cet homme, couché à demi, comme si, avant de s'endormir pour la dernière fois, il voulait jeter un dernier regard sur la vie, avance une tête énorme où l'on compte les cheveux et les rides. Cette femme, ramassée le long de son époux à gros nez et à favoris, cette vieille femme aux cheveux bouclés sur le front, le nez se prolongeant en gros sillons sur les joues, c'est la matrone fidèle et aimante des plus récents villages. Ajoutez à cela le parti pris de négliger totalement le corps, qui reste informe, raccourci, souvent à peine indiqué : le corps n'importe plus puisqu'on ne le voit plus. Jamais aucun art n'a donné cela.

L'effet est étrange : ces hommes et ces femmes sont vivants au-dessus de leurs cendres ; ils ne veulent pas mourir. Et le soin de se parer de leurs bijoux, de tenir le rhyton ou la patère, de bien fermer les fibules, accentue encore la réalité. Peuple réaliste, ce peuple étrusque : n'en doutons pas. Mais alors, comment a-t-il succombé ? Dans la bataille des peuples c'est généralement l'idéaliste, le rêveur qui succombe, s'il a sa revanche en imposant ses conceptions au vaincu. L'Étrurie disparut. Mais sous les coups de son enfant, plus pratique encore et terre à terre qu'elle-même qui gardait sans doute trop de Grèce ! A côté de cela, j'entrevois aussi... Attendons. Laissons la récolte s'achever ; nous conclurons après.

Que la nécessité de se protéger contre les invasions d'autres peuplades ait poussé les Étrusques à se réfugier sur ces hauteurs, au lieu de se tenir dans les plaines et sur les rivages, l'histoire chrétienne en est la preuve. Des catholiques, fuyant les Ariens d'Afrique, débarquèrent un jour devant Volterra et trouvèrent la ville assiégée par les « barbares ». A la tête des nouveau-venus marchait un certain Clément. Il offre son secours aux Volterrans, les aide à se délivrer et s'installe dans la ville avec ses compagnons. Saint Clément et saint Juste furent les fondateurs de la Volterra toscane, de la Volterra renaissante des cendres romaines. Et, par les enfants de Clément et de Juste, Volterra va devenir l'une des nombreuses cités que nous connaissons bien, de ces petites villes d'Italie à l'histoire toujours pareille de la commune, féodale d'abord, puis émancipée, puis retombant sous la main d'un maître, évêque d'abord, noble ensuite, finalement absorbée par une puissante voisine, Milan, Venise ou Florence. Tout ce que nous avons appris de la lutte de la ville contre le seigneur, contre l'évêque, contre le château, nous le retrouvons à Volterra. L'éternelle aventure des petites républiques en formation, éperdues de liberté et d'indépendance, se donnant tantôt aux guelfes, tantôt aux gibelins, Volterra passant de Manfred à Florence, et, pour se livrer mieux à celle-ci, jetant par la fenêtre du palais des prieurs les citoyens qui ne voulaient pas de cette servitude. Mais à peine est-elle florentine qu'elle se repent ; et Laurent de Médici se résout à en finir. On sait avec quelle rigueur.

La Volterra où je me promène aujourd'hui est celle de ces derniers temps-là. De la Volterra du moyen âge, des temps entre les Étrusques et la paix de Constance, il ne reste aucune pierre ; on passe aussitôt du mur polygonal aux assises modernes. Et cependant, je crois bien retrouver dans celles-ci l'âme formidable des premiers enfants. Car, jamais,

à aucune ville toscane ou ombrienne qui ne
soit pas étrusque, je n'ai trouvé un air aussi
revêche. San Gimignano montre bien de la
grâce dans ses tours. Sienne elle-même reste
douce auprès de cette voisine-là. Volterra, ce
n'est pas une ville, c'est une place forte, une
citadelle. Il faut venir ici pour se rendre compte
jusqu'où pouvait atteindre la rage gibeline ou
guelfe. Il faut circuler dans ces rues qui
forment de véritables puits, passer sous ces
ponts jetés par-dessus la rue et qui réunis-
sent les tours d'un palais l'une à l'autre, et
compter d'un seul coup d'œil les rares fenêtres, pour se rendre compte de la fureur des
cités au temps de Dante et de Malatesta. Ce ne
sont que couloirs, ce ne sont que murailles
comme celles que décrit Aristote, aussi puissantes, aussi imprenables. La maison n'est pas
une demeure, mais un refuge. Elle n'est pas
faite pour le repos, mais pour l'abri. La tour
Cafferecci possède tout juste une ouverture,
en bas. Les tours Buonparenti en perchent
quatre à hauteur du troisième et du quatrième
étage. Si vous suivez le vicolo alle pigrioni,
vous vous sentez déjà en prison. Torri Guar-
nacci, Blanchi, Minucci, Bonaguidi, Martinoli,
du xive siècle, et même les simples case, tout
au long de ma promenade dans ces rues har-

gneuses, je les ai vues hautes, closes, muettes, repoussantes, ennemies. Et si quelque chose sort de ces murs, ce ne sont qu'anneaux et crochets — pour pendre sans doute.

Au xve siècle pourtant, Volterra s'humanise un peu. La paix est venue; les maisons s'essayent à sourire. Des palais véritables s'élèvent alors; ils comptent parmi les plus accomplis de l'art florentin. Volterra s'est donnée à Florence; et Laurent, lorsqu'il rejette Volterra dans l'isolement qu'elle a voulu fuir, peut attester les maisons du xve siècle qu'il y est bien chez lui. Case Borgiatti, Biondi, Campani, Cartugi, Incontri, ressemblent aux beaux palais des bords de l'Arno, base à bossages, fenêtres enjolivées de briques nombreuses et larges; le toit proéminent a remplacé les créneaux, les anneaux et les crochets ne sortent plus des murs que pour porter les flambeaux et les étendards. San Gallo, dit-on, vint ici; Bramante aussi : c'est tout dire. Et ceci dit plus encore. Sous les grandes fenêtres, on en perce de petites — pour les enfants, Volterra est bien pacifiée.

La grande place, la piazza maggiore, résume intensément cet aspect. On a même eu le bon esprit, lorsqu'on a reconstruit deux des palais qui l'entourent, l'un d'eux, d'ailleurs, n'ayant fait qu'utiliser un plus vieux aux fenêtres ogivales, on a eu le bon esprit de les bâtir dans le style des autres. De telle sorte que la place tout entière est le miroir où Volterra peut se contempler dans sa plus originale floraison. Qu'il s'appelle palais des prieurs, maison commune ou Caisse d'Épargne, on voit le donjon même au centre du bastion. Longs murs pleins où les baies des boutiques craignent de s'ouvrir, où les rares fenêtres baissent discrètement les yeux, mais où les tours qui piquent à tous les coins affichent éperdûment un caractère agressif et soupçonneux. La belle pierre jaunâtre semble lavée de sang desséché. Elle a des reflets pourpres sous le soleil, qui sont cruels et magnifiques. On peut se plaire, si l'on aime la Renaissance, à des fenêtres jolies percées dans le mur fermé des Prieurs, autrefois demeure de l'évêque. On les oublie vite pour ne voir que le formidable appareil. Tout ce qui n'est pas muraille pleine est aboli, et l'harmonie est continue entre les palais du xive siècle et ceux du xve. Cette place de Volterra, je l'ai vue cent fois, à Pistoia, à Sienne, à San Gimignano, à Vérone, à Bergame, partout enfin ; je ne l'ai jamais vue aussi achevée, aussi puissante surtout. Et la seule analogie qu'elle puisse offrir, en plus rude, en plus

barbare si l'on veut, c'est avec la Grand'Place
de Bruxelles.

La cathédrale est comme cachée derrière le
palais des Prieurs qui la touche et écrase son
abside. Les deux monuments font corps.
L'évêque-seigneur s'affirmait ainsi double-
ment. Mais quelle n'est pas ma surprise, lorsque, regardant la façade, il me semble la reconnaître pour l'avoir déjà vue en Italie méridionale, où elle abonde, inspirée de Saint-Nicolas
de Bari ! Je n'en crois pas mes yeux. Que viendrait faire ici cet art apporté par les Normands
en Apulie? Je consulte le guide qui dit : église
agrandie par Niccola Pisano en 1254. Et je
pense, tout de suite, à la thèse si curieuse
de M. Émile Bertaux, sur la filiation de la
Renaissance suscitée par le grand Pisano qui
n'aurait fait, né et élevé en Apulie, que re-
fondre au creuset de son génie les principes
de l'art architectural normand que son père
avait pratiqué. En témoignage de son opinion,
M. Émile Bertaux invoque la porte du château
de Prato, qui n'est, en effet, que la répétition
des portes de Castel del Monte. Et voici que, à
mon tour, je me demande si je ne pourrais
pas apporter, à côté du témoin civil, le témoin
religieux? Si Niccola Pisano est bien l'auteur
de cette façade, la thèse de M. Émile Bertaux

prendrait une force singulière. Vasari, qui nous dit la révélation miraculeuse du génie de Pisano, lorsqu'il vit à Pise les sarcophages antiques, Vasari serait pris une fois de plus en flagrant délit d'erreur. Pisano serait donc venu en Toscane, déjà formé par son père, déjà mûr dans son art ; et, au lieu d'un phénomène prodigieux, qui eût créé l'art toscan, nous possédons une chaîne solide et sans coupure qui donne à la Renaissance son lien dans l'histoire, en fait une fille légitime, bien pourvue d'ancêtres, non plus un sauvageon. Les savants en discuteront longtemps ; heureux serai-je de leur fournir un nouvel élément de discorde !

Sur la petite place déserte que regarde cette façade si troublante, le baptistère classique arrondit ses huit pans, dont l'un seulement est revêtu de marbre blanc et noir, les autres laissant voir leur *panchina*, ce tuf jaune dont la ville est bâtie. Je suis entré pour admirer le ravissant tabernacle de Mino, l'un des plus charmants bijoux de marbre que ce gracieux génie se plaisait à ciseler. Et me sont alors revenues à l'esprit les œuvres dispersées çà et là dans la ville, dans quelques palais, au Dôme et dans les autres églises. Volterra, comme ses sœurs toscanes, eut sa vie propre, sa vie mu-

nicipale. Elle prospéra et lutta en même temps
que les autres. Et cependant elle n'a pas d'é-
cole. Aucun des artistes qui l'orna n'est sorti
de son sein. Au musée, ne se voient que des
Florentins et des Siennois. Au Dôme, une
chaire qui pourrait être de Niccola ; les lions
accusent son influence, en tout cas. Une crèche
de terre cuite porte une petite fresque de
Benozzo. A San Francesco, modernisé, sans
caractère, des élèves d'Agnolo Gaddi ont orné
les murs. A San Girolamo, enfin, la perle de
la ville : une *Annonciation*, d'un sentiment
exquis, à la fois fort et charmant, où semble
s'allier à la tendresse ombrienne la sévérité de
l'école de Sienne. Benvenuto di Giovanni,
Siennois, la signa. Un ou deux Signorelli, au
petit musée de peinture ; et c'est tout. D'artiste
local, point. Et si quelques noms, comme celui de Daniel de Volterra, l'élève et l'imitateur
de Michel-Ange, comme ceux de l'architecte
Capriani, des sculpteurs Zacci, des peintres
Nicolai, Incontri, viennent à la mémoire, c'est
pour nous rappeler qu'ils partirent, à l'encon-
tre des Moreto de Brescia, des Lotto de Bergame, des Corrège de Parme, des Luini de
Milan, qu'ils partirent de leur patrie pour chercher fortune. Volterra, en effet, fut des premières à succomber sous la puissance floren-

tine. A l'heure du réveil artistique, on la tuait.
Elle ne pouvait plus nourrir ses enfants. Et ce
dut être une bien grande joie pour elle, lorsque Inghirami y apporta son portrait, par
Raphaël, que l'Amérique, dernièrement, lui
ravit. Mais put-elle sentir l'honneur qu'on lui
faisait ? Depuis le xvie siècle, Volterra s'est
mise humblement à tourner ses petits vases
d'albâtre et d'agathe, dont elle fournit encore
les étalages. Certains sont d'un galbe parfait,
urnes d'une belle tenue, et d'une matière si
chatoyante et délicate ! Le Volterran, éternellement coiffé de son chapeau de feutre gris à
ruban noir, après quelques années passées à
l'école industrielle, loue boutique et extrait,
de la pierre blanche ou jaune striée de vert, les
petits oiseaux bécoteurs, les tireurs d'épine,
les Vierge Marie, et tous les bibelots des au-
vents, mais aussi les beaux vases à la panse
effilée, élancés comme les tours des palais,
solides et massifs comme les murs de la cité.

La voilà bien loin, la vieille ville, de son
passé mystérieux. Encore plus loin peut-être
des temps héroïques où elle expia si durement
de s'être souvenue, en face de Florence,
qu'elle fut l'une des sources d'où coula le sang
latin. Et c'est encore aux temps inconnus
qu'elle se rattache le plus, par ses objets d'al-

bâtre, puisqu'elle les fabrique de la même matière que se fabriquaient les innombrables
urnes funéraires arrachées à son sein. Depuis
près de vingt siècles, Volterra n'a pas cessé de
tailler les pierres. Du haut de ses murailles
étrusques et de sa citadelle, elle peut regarder
autour d'elle épandus, les monts Pisans, l'Apen-
nin, la plaine de Cecina, la mer, les îles d'Elbe,
de Corse et de Caprera, jusqu'au promontoire
de la Spezzia, jusqu'au Morello et à la ban-
lieue florentine. Tout un peuple, issu de sa
puissance sans histoire s'offre à sa contemplation ; et, rabaissant son nez sur ses petits jou-
joux d'albâtre et d'agathe, elle continue.

II

LES FIANCÉS DE SAINTE CATHERINE

Sienne.

J'AI voulu revoir San Gimignano. De là, je partis, il y a plus de douze ans, pour un long voyage. Là je pris conscience de la petite ville d'Italie. Tant d'années écoulées, tant d'autres cités aussi émouvantes ont passé devant mes yeux, que j'ai peur un peu de trouver celle-ci moins surprenante. Mais un secret instinct me dit que je puis lui faire confiance. Et la route qui conduit de Volterra jusqu'à elle suffirait déjà à justifier l'imprudente entreprise. Trente kilomètres seulement séparent les deux villes, et le vetturino met près de cinq heures pour les couvrir ; trente kilomètres à travers le pays le plus accidenté et le plus généreux qu'on puisse voir. Cette campagne toscane, que j'apercevais autrefois en vagues mouvantes du haut des tours de San Gimignano, je la possède aujourd'hui que la route

en épouse toutes les crêtes et tous les fonds.
Une mer de coteaux désordonnés et pressés ;
des abîmes débordant de bois et de maisons ;
le caprice des ruisseaux et des gorges ; la hardiesse des bœufs labourant au bord des précipices ; l'ingéniosité des hommes découvrant
l'humus là où nous ne verrions que le roc, et
leur placidité devant la merveille incessante
de la terre féconde sans qu'ils peinent dessus ;
la variété des arbres sauvages et des arbres
civilisés se mêlant et s'entr'aidant pour la
gloire de la nature ; la vigne et l'olivier, le
chêne et le hêtre, le cyprès surtout, solitaire
au point culminant de la montagne, exclama-
tion des forces cachées après la tâche, ou
point posé par les hommes pour finir la
phrase de leur hardi labeur ; çà et là, quelque ferme, quelque château, cette tour de
Montemiciolli surtout, que l'on voit des remparts des deux villes, et qui les relie, les rend
plus fraternelles ; tout cela je m'en suis grisé
sur la route tantôt taillée dans le roc, tantôt
plongée au fond de la gorge, sautant le torrent, contournant la vallée, à l'assaut d'un
pic, se laissant glisser le long des précipices.

Il y a une heure à peine que j'ai quitté Volterra, et déjà San Gimignano montre les perles de ses tours sur le socle de sa couronne.

Quel contraste avec Volterra ! Celle-ci est un
bastion, celle-là le palais seigneurial. L'une
veille, l'autre repose. L'une la sentinelle,
l'autre le roi. San Gimignano trône au milieu
des campagnes que Volterra protège. Si haute
parmi les moutonnements des champs qui chevauchent la croupe des monts, elle est calme,
gaie, et ses tours jouent les aigrettes sur les
cimiers, panaches pour cérémonies pacifiques.
Comme Volterra, San Gimignano voit tout,
mais pour en jouir seulement, sous la garde
d'un chien fidèle et vigilant. Je l'ai retrouvée,
ô miracle ! plus belle que je l'avais quittée ;
plus ouverte m'a-t-il semblé. Devant la porte,
une esplanade en jardin que je ne me souviens pas avoir vue ; à San Agostino où seul
le saint Augustin de Benozzo m'avait tant
frappé, des fresques nouvelles ont été découvertes sous le badigeon des murs ; d'autres
sont en train d'être mises au jour ; au palais
communal, Lippo Memmi, uniquement, s'of-
frait au regard, aujourd'hui tout un musée est
installé, musée qui contient trois tableaux de
premier ordre, deux Filippino Lippi et un Pinturicchio lumineux comme les fresques de
Sienne, et d'un élan que ce peintre, souvent
un peu froid, a rarement pris ; à la Collégiale
enfin, les fresques de Santa Fina par Ghir-

landajo dont je continue à croire qu'elles sont le chef-d'œuvre, et les fresques de Bartolo di Fredi et de Taddeo di Bartolo que je regarde mieux, cette fois, puisque je me rends à Sienne pour y étudier leur école ; bref, une petite ville qui, avant mon passage, semblait dormir insouciante de ses trésors, et qui, depuis, s'est réveillée et sait se faire valoir. Moins innocente, elle devrait moins plaire ; elle est peut-être moins touchante, mais elle est plus belle. Cendrillon, au coin de l'âtre, possédait ses charmes ; ce ne fut pourtant qu'à la cour qu'on les aperçut. Et les tours, perles de la couronne, sont plus brillantes, plus joyeuses ; elles se dressent avec plus d'allégresse ; les signes qu'elles font au passant ne sont plus vains ; San Gimignano connaît la gloire — je l'ai bien vu à la gare de Poggibonzi où je dus, autrefois, courir après un vetturino, et où, maintenant, vingt cochers brandissent des pancartes à tarif, et chuchotent leurs discours engageants ainsi qu'on fait des propositions honteuses.

Cette intervention policière au bénéfice des voyageurs en dit long sur la vogue de San Gimignano, depuis mon passage. Ce doit être, pour une ville oubliée et qui s'oublie, une fine volupté d'être rappelée ainsi à la conscience de ses charmes, telle une femme qui, sa jeunesse évanouie, a renoncé aux hommages, et qui, tout à coup, un soir de bal, se voit entourée, courtisée, son carnet tout à coup rempli. Sienne n'a pas connu l'abandon ; son haut rang l'a toujours fait rechercher. La vieille rivale de Florence a gardé, de son rôle hardi et infortuné, un prestige qui dure encore. Voici deux jours entiers que je la visite dans ses recoins, revoyant pour la quatrième fois ses trésors les plus célèbres, recherchant aussi les moins connus pour y trouver un signe, un indice quelconque qui me fourniront ce dont j'ai besoin aujourd'hui, puisque je veux, enfin, écouter ce que Sienne me dit, ce qu'elle chante depuis huit cents ans aux oreilles des hommes extasiés.

Que signifient tous ces chefs-d'œuvre ? Par quoi Sienne occupe-t-elle un rang spécial dans l'histoire de l'art, quelle personnalité marque-t-elle ? Pourquoi, en un mot qui semble tout d'abord étranger à ces deux questions, mais qui, au fond, les résume, pourquoi, il y a douze ans, me suis-je éloigné de Sienne dans le trouble et la peur, et y suis-je revenu deux fois déjà sans jamais oser y toucher — ne l'ayant pas comprise, je le sentais, si cependant elle m'émerveillait ? Je crois bien que, cette année, j'ai compris. Du moins ai-je trouvé une explication. Est-elle bonne ? La vérité, dit Stendhal, c'est ce qu'on aime à croire. Je possède donc aujourd'hui la vérité. D'autres la détiendront aussi, peut-être contraire à la mienne ?... Il faut l'espérer ; car le monde, lorsqu'il sera d'accord, s'ennuiera éperdûment.

L'un des plus grands périls que puisse courir un peuple, c'est d'être victorieux. Il se grise de son succès ; l'ivresse lui fait perdre le sentiment de la réalité ; l'orgueil annule son jugement. Monte-Aperto fut de ces victoires-là. Il y a bien, certes, dans le développement souverain de Florence, des raisons naturelles, géographiques entre autres, qui rendaient la fille de Fiesole, et non Sienne, au moment où le commerce devient le maître du monde, la reine de la Toscane, et même, par l'esprit, celle de l'Italie. Mais Sienne, si sa situation était moins bonne, y avait depuis longtemps remédié par un labeur effectif. Cette situation présentait, d'ailleurs, à l'heure où les villes d'Italie se font ce quelles resteront, certains avantages. Au centre même de la Toscane, commandant la riche vallée de l'Elsa, puis celles, moins heureuses mais si essentielles aux armées, de l'Ombrone et de l'Arbia,

Sienne s'appuyait encore sur une histoire et une légende pleines de prestige.

Son nom lui vint-il des Gaulois Sénonais de Brennus qui auraient abandonné là, comme Enée à Ségeste, les vieillards et les infirmes? Ou bien fut-elle fondée par Sénus, fils de Rémus, fuyant Romulus? Sienne préfère encore cette dernière origine à laquelle elle doit la louve de son blason et ses couleurs, le blanc et le noir, qui répètent la robe des chevaux de Sénus et de son frère. Il est possible, d'ailleurs, que les Gaulois aient peuplé une ville déjà existante, et c'est la thèse de Villari, qui, à Brennus, substitue Charles Martel. Sénus devrait être alors remplacé, puisque la science n'admet pas les légendes sans preuves, par les Étrusques? Il serait, d'ailleurs, bien naturel de songer à ceux-ci sur cette terre d'Étrurie. La prétention romaine fit, en tout cas, bien accueillir les Romains de la République sur ces trois rochers qui composent la ville, les beaux rochers rouges allongés au-dessus des précipices qui les séparent, les fiers rochers ardents qui cherchent toujours à joindre leurs bras chargés de bijoux, et tendent leurs mains baguées l'une vers l'autre, tragiquement; la prétention d'être romaine, fit aussi que Sienne ne souffrit pas de la guerre implacable menée par Rome contre les Étrusques; elle fut épargnée. Et Sienne se développa encore grâce à la colonie qu'Auguste lui envoya. Aucun souvenir n'est resté de ces temps antiques, aucun autre que celui d'un temple de Minerve placé là où siège aujourd'hui la cathédrale.

Ce n'est qu'au viiie siècle que Sienne commence à faire parler d'elle, lors d'une lutte cruelle avec Arezzo. Y gouvernait alors un certain Warnfried Castaldius — ce qui indique au moins des relations septentrionales, quelque obscur lien de la ville avec les peuples d'au delà des Alpes, lien auquel est dû, ne l'oublions pas, la première assise gothique posée à Sienne, l'abbaye de Saint Eugène élevée dans la plaine au-dessous de la ville, tout près d'une des portes.

Lors de la descente de Barberousse, Sienne se déclare pour celui-ci, et déjà sa rivalité s'indique avec Florence. Sienne devient insensiblement le boulevard gibelin en Toscane. Warnfried et Barberousse continuent à conduire sa destinée. Lorsque Farinata dei Uberti est chassé de Florence, c'est à Sienne qu'il se réfugie. La bataille de Monte Aperto, en 1260, fera perdre la raison à Sienne qui jalouse tant sa voisine moins vieille, moins riche encore de gloire, de prestige et peut-être aussi de civilisation. Manfred emporta avec lui toute espérance gibeline, et Sienne dut, pour vivre, passer aux guelfes. Non sans peine, sans déchirements intérieurs qui se terminèrent à la bataille de Colle di val d'Elsa, chantée un peu trop allégrement par Dante : « Come fa il merlo per poca bonaccia ».

Désormais entrée dans le mouvement guelfe, c'est-à-dire dans l'émancipation communale des cités, Sienne se développe comme les autres villes, comptant comme elles des factions rivales, mais toujours avec une certaine amertume qui fait voir que, au fond, elle désirait autre chose ; et cette autre chose, c'était, par la grâce impériale, la suprématie sur Florence. Les factions amenèrent au pouvoir Pandolfo Petrucci, qui se hausse d'autant plus facilement que la ville ne s'intéresse pas beaucoup à des vicissitudes qui lui semblent secondaires, Petrucci, « le modèle des usurpateurs » et son ministre Venafro, « le modèle des ministres de l'usurpateur », au dire de Machiavel. L'arrivée de Charles VIII, en 1494, donna quelque espoir à Sienne qui retomba bientôt dans ses regrets, de plus en plus hypnotisée sur ceux-ci. En 1530, Charles-Quint prit Florence ; Sienne a gagné! Hélas, elle est trop faible pour mériter :

et Charles-Quint la trouve trop forte encore !
Il l'occupe. Elle résiste, reçoit, comme autrefois elle recevait Farinata, des bannis florentins, appelle notre Montluc à son secours. Et c'est Cosme Ier, ô honte pour Sienne autant que pour lui-même, qui vient l'assiéger pour le compte de Charles-Quint : la gibeline Sienne combat l'empereur que la guelfe Florence sert fidèlement. Sienne dut capituler. Deux cent quarante familles nobles et trois cent quarante-cinq familles populaires sortirent de la ville, attestant que, dans son sein, il y avait encore assez d'hommes véritables pour comprendre que gibeline ou guelfe sont vains adjectifs, si le mot liberté ne les précède pas.

Voilà les faits. Et voici l'idée qui s'en dégage, la vérité que j'aime à croire. Que ce soient Warnfried, Barberousse, Manfred, Farinata, Charles VIII ou Montluc, Sienne est inlassablement gibeline, c'est-à-dire : Sienne prétend appuyer son existence sur un pouvoir étranger à l'Italie que Florence et la papauté fédèrent à cette époque. Cette conception, elle l'a dans le sang, et les Gaulois de Brennus ou de Charles Martel répondent beaucoup plus que Sénus à son développement subséquent. Voyons maintenant si nous trou-

vous cette conception aussi manifeste dans
les arts que dans la politique.

Au plus haut point de la colline aux trois
pointes, la cathédrale fait, depuis six cents
ans, l'admiration de tous les voyageurs. Extérieurement et intérieurement, elle s'offre
achevée, complète, harmonieuse, d'une richesse incomparable. Le dôme d'Orvieto, plus
brillant extérieurement, lui reste inférieur;
ses nefs ne répondent pas à la façade. Les
seuls modèles que possédât Sienne pour s'inspirer étaient le Saint Eugène de Warnfried
et l'église de San Galgano dont on peut encore
voir les ruines aux environs de la ville. Sienne
ne songea nullement à s'affranchir de ce style
importé. Maitani, l'architecte siennois, resta
sur la route tracée. Sans doute, Taine a bien
raison de dire que ce gothique-là ressemble
au gothique français « comme les poèmes de
Dante et de Pétrarque ressemblent aux
poèmes des trouvères ». Mais enfin, c'est toujours du gothique, adapté seulement au cli-
mat, c'est-à-dire au soleil et aux ressources
de la terre fertile en marbre. Et lorsque, vers
1350, les Siennois, désireux d'agrandir leur
église au point de vouloir faire de la nef actuelle l'un des transepts, appellent au secours
des architectes florentins, c'est encore le plan

gothique qui est suivi : on voit aujourd'hui, au sud, les restes de cette tentative. Imprudemment, les Florentins conseillent de tout recommencer ; Florence construisait alors Santa Maria del Fiore qu'ils voulaient la plus belle église du monde : celle de Sienne devient menaçante, commençons par la détruire ! Les Siennois comprennent et en restent là. Telle qu'elle est, la cathédrale apparaît admirable sous sa robe noire et blanche, couverte de dentelles sur la poitrine, ornée de toutes parts des plus admirables bijoux. Mais à quel moment Sienne entreprenait-elle ce monument incomparable, unique s'il n'y avait Orvieto, modèle en tout cas? Au moment de son plus légitime orgueil, au lendemain de Monte-Aperto — la façade est de 1284. Alors Sienne peut croire tout gagné, Florence éliminée ; la suprématie toscane appartient à sa louve. Si une individualité doit se dégager de son élan, c'est bien à cette heure-là. Et tout ce qu'elle peut, c'est adopter l'art gibelin, l'art gothique. On objectera la coupole, au dessin si curieux, incompréhensible encore aujourd'hui, d'un hexagone passant au décagone, ce qui obligera à espacer irrégulièrement les piliers de soutien. Cette coupole symbolise, sans doute, assez bien l'originalité de Pétrarque

auprès des trouvères pour parler comme Taine ;
mais elle ne constitue pas une particularité
foncière. Un détail particulier n'infirme pas
le plan général.

Voyez, derrière la cathédrale, le baptistère
San Giovanni. Lui, du moins, ne cherche pas
à s'émanciper. Il est franchement gothique,
sans tricherie. Et voilà donc le gothique roi.
On dira : quel modèle existait ailleurs qui pût
indiquer une autre voie ? Florence n'avait
pas de modèles, et elle créa Santa Maria del
Fiore. Mais il y a mieux. Vienne la Renaissance. L'Italie se couvre de monuments nouveaux. Sienne se cramponne au gothique.
Ses fontaines, Branda :

> Per Fonte Branda non darei la vista,

ainsi que chantait Dante, Nuova, Ovile, d'autres encore, sont gothiques aussi, et les palais
vont chercher leurs modèles en Lombardie,
le palais public tout le premier.

En aucune ville d'Italie, il n'existe une
place publique qui impressionne, étonne,
émerveille autant que l'antique Campo de
Sienne, elliptique et descendant vers le mur
droit qu'est le palais. Tout autour de l'ellipse,
les palais sont d'ordre semblable, l'ordre du
palais, rouges, aux fenêtres à arcs triforés, aux

créneaux rectangulaires, le créneau gibelin, et
là, au fond, regardant les pentes de l'hémicycle,
le beau palais à la tour que Léonard aimait, à
la loggia fleurie, aux créneaux imposants, tout
rouge aussi, ses fenêtres triforées aussi, ensemble merveilleux de puissance et de majesté
que Fonte Gaia, que nous retrouverons, vient
égayer d'un blanc sourire. Or ce palais est
gothique ; les autres de même. Un édit, sans
doute, avait ordonné de les élever semblables au premier ; mais dans la ville, loin
de la seigneurie, ils demeurent pareils. Sauf le
Piccolomini et le Spannochi, et encore ceux-ci
le sont-ils dans leurs bases, ils sont tous
gothiques, le Tolomei comme le Saracini,
comme le Buonsignori, d'un gothique qui va
chercher sa beauté dans le fini du décor bien
plus que dans les lignes. Si dissimulé qu'il soit
sous les fantaisies particulières, il reparaît
toujours, il domine. En vain Brunellesco a
passé. Sienne ne le connaît pas. Et lorsqu'elle
veut posséder une loggia publique, elle aussi,
c'est aux Lanzi qu'elle demande une inspi-
ration.

San Francesco et San Domenico sont du
même style. M. Rusconi voit dans cette ténacité l'originalité de la Renaissance siennoise.
Ne devons-nous pas y voir plutôt un manque

d'originalité? Mais que dirons-nous si nous passons à la sculpture ! Le premier maître qui vient travailler à Sienne est Niccola Pisano, et il y laisse un chef-d'œuvre, la chaire de la cathédrale, qui est à celle de Pise ce que le *Moïse* est à la *Pietà* de Michel-Ange, l'œuvre achevée auprès de celle qui se cherche encore. Et le gothique de Niccola, n'est-ce pas ce qui enthousiasma les Siennois? A côté de Niccola se range son fils Giovanni, puis ses disciples Lapo Donato, Goro, qui, d'ailleurs, ne travaillent pas à Sienne. Cent années vont passer ; et Sienne ne donnera le jour à aucun sculpteur jusqu'à Jacopo della Quercia que sa Fonte Gaia fera justement appeler : della Fonte.

Celui-là, c'est un maître, un très grand maître. Les pauvres restes de sa fontaine, exposés anjourd'hui dans la loggia du palais public, sont encore admirables de puissance. On dit que Michel-Ange prit de Jacopo ce souci d'accorder au corps plus d'importance qu'au visage, et par là Jacopo est un grand renaissant ; il rejoint l'antique d'un bond vigoureux. Voyez-le, intact cette fois, dans les fonts de San Giovanni. Il en a sculpté le saint Jean, les quatre prophètes, un des reliefs : *Zacharie chassé du temple*. Rien n'est plus solide ni plus noble. Et pourtant, je ne sais, mais il me semble que l'atmosphère siennoise pèse sur Jacopo. Une certaine lourdeur, le prestige du gothique et du grand Niccola paraissent retenir son ciseau. Voyez, dans ces fonts, à côté de lui, Donatello. Peut-être voulut-il différer de celui-ci ? En tout cas, la vie, le mouvement sont plus vifs, plus surpris, plus réels chez Donatello. Jacopo reste toujours idéaliste, peu soucieux de la nature, s'il est éloquent au suprême. L'*Hérode* de Donatello à côté du *Zacharie* permet d'apprécier la distance. Et il n'est pas jusqu'à Ghiberti, auteur d'un autre relief, qui ne donne la même leçon. Que dut dire Jacopo, lorsqu'il vit, à la cathédrale, le *Saint Jean* de Donatello, aussi tragique, aussi effroyablement humain que la *Madeleine* du Baptistère de Florence ?

Le génie de Jacopo ne pouvait manquer de créer un courant. Après lui, on compte Turino di Sana et ses trois fils qui travaillent aussi aux fonts, Goro di Neroccio, Federighi, auteur des bénitiers de la cathédrale et de l'admirable pavement de celle-ci, l'une des plus surprenantes œuvres de la Renaissance, auteur aussi du riche et fin tabernacle de l'autel Sainte Catherine à San Domenico, Federighi, quelque peu émancipé de Jacopo par sa finesse et son élégance ; Vecchietta qui suit les traces de Donatello s'il s'efforce d'atteindre à la profondeur de Jacopo, Marrina le plus florentin des Siennois, Francesco di Giorgio et Cozzarelli, enfin, chez qui le baroque se pressent.

Ici, du moins, il y a suite ; et, de Jacopo à Cozzarelli, du puissant au charmant, la filiation se voit nettement, chacun cherchant visiblement à garder ce qu'il y a de bon chez ses prédécesseurs, et à ajouter ce qui leur manque. Mais à la lourdeur gothique de Jacopo qu'ajoutent-ils ? Au plus juste, le réalisme de Donatello et la grâce des autres Toscans. Des qualités exclusives à Sienne, une école siennoise, je n'en vois pas. Sienne compte des sculpteurs nés chez elle, elle n'a pas d'école sculpturale, pas plus que d'architecturale.

Eut-elle, du moins, une école de peinture ? Elle l'eut, féconde, continue, originale enfin — et d'une originalité qui nous fournira l'explication du problème tout entier.

Au moment même où Giotto, à Florence, et c'est peu de temps après Monte Aperto, crée véritablement l'art de peindre tel que nous l'entendons aujourd'hui, Sienne voit briller dans ses murs une œuvre aussi miraculeuse que celle de Giotto, l'œuvre de Duccio di Buoninsegna. Lequel précéda l'autre ? On en

dispute encore. La grande œuvre de Duccio,
la *Vierge glorieuse* de l'Œuvre de Dôme, fut
commandée en 1302. Giotto avait alors quarante ans, et sa *Navicella* de Rome date de
1298. Duccio put produire en même temps que
Giotto, mais certainement, dit-on à Florence,
il ne l'a pas précédé. Sienne réplique, en faveur de sa priorité, par la *Madone* dite « aux
gros yeux », et qui fut commandée, prétend-
on, pour commémorer Monte-Aperto, en 1260.
Mais, en 1260, Cimabue avait vingt ans, répond
Florence. Et Sienne alors de lancer la *Madone*
de Guido da Siena, celle du palais public, autrefois à San Domenico, et qui daterait de
1221. Il ne restait plus qu'à accuser les Siennois d'avoir mis la date après coup. On n'y a
pas manqué, et c'est depuis ce temps que le
conflit est ouvert, pour l'éternité. L'œuvre de
Duccio, en tout cas, contemporaine de celle
de Giotto, reste comme l'un des monuments
les plus mémorables de la peinture. Et ce n'est
pas tant la *Maesta* elle-même du tableau qui
est le prodige, malgré les anges appuyés sur
le trône, d'un réalisme surprenant ce sont
avant tout les vingt-six petits tableaux qui formaient le revers de la *Maesta* : à eux doit
aller l'étude et l'émotion. Ils racontent la vie
du Christ, oui ; ils disent Sienne d'abord,

pleine d'espoir magnifique. Qu'un contemporain de Giotto, même s'il a connu celui-ci, ait
pu réaliser ceci, comprendre à ce point la vie
et la rendre avec cette audace, après Guido et
Cimabue, voilà le prodige. Et lorsque la ville
en procession conduisit le tableau au Dôme
après son achèvement, elle saluait l'aurore de
son propre génie.

Ce génie de fleurir. Au palais public nous
constatons sa pleine gloire. Au premier rang,
ainsi que Giotto à Santa Croce de Florence,
rayonne Simone Martini, dont la *Maesta* et le
portrait de Riccio comptent parmi les fresques
les plus hautes. Se voient exprimées dans les
anges — l'un d'eux surtout, le premier à gauche, debout ! — de cette *Maesta*, une âme si
noble, une idéale beauté si blonde et si chaste,
que désormais l'homme, troublé devant l'ir-
réel, se représentera toujours sous ces formes-
là, du jour où il les aura vues, le mystère du
monde et ses rêves inquiets. Riccio est aussi
grandiose, dans sa sphère contingente. Il jouit
d'autant de noblesse que l'ange, et d'autant de
vie intérieure. Il est encore plus puissant, superbe de décision et de placidité : il est beau
comme le Gattamelata et le Colleone.

De même que Quercia, plus tard, s'impo-
sera à tous les sculpteurs siennois, de même

Simone Martini influera sur toute la peinture.
Lippo Memmi, son élève, a laissé peu de traces
à Sienne même ; une *Madone* aux Servi, quelques panneaux au musée ; ils suffisent pour
montrer la maîtrise du maître. La fresque
de San Gimignano est là pour nous la con-
firmer. Simone et Lippo fixent les caractères
principaux de l'école de Sienne : l'élégance du
dessin et l'éclat de la couleur. Il me semble
bien découvrir une autre particularité encore.
Je dois attendre et vérifier. Si je la trouve chez
les successeurs de ces deux-là, quelle lumière
finale !

A côté de la salle où Simone donne le si-
gnal, Ambrogio Lorenzetti, auprès duquel il
faudrait mettre son frère Pietro s'il avait travaillé à Sienne, Ambrogio nous offre, depuis
six cents ans, ses fresques illustres, où la figure immortelle de la *Paix* réunit en elle,
comme un foyer, les flammes les plus ardentes
de la vie siennoise. Quel poème que ces fresques ! Toute la mentalité de la ville s'y résume
et s'y grandit autour de la figure de la paix
d'une beauté vraiment antique. M. Rusconi
voudrait qu'Ambrogio ait pris cette figure à
une statue trouvée, dit Ghiberti dans ses *Commentaires,* au cours des fondations d'un palais, révérée par les Siennois, et brisée bientôt

parce qu'on lui attribuait — ceci se passe en 1357 — les malheurs de la cité. Retenons ce fait, non pour Ambrogio, mais pour notre système. Et, en cet instant, contentons-nous d'être émus, devant cette *Paix* si exaltante, l'une des merveilles de la peinture de tous les âges. N'est-il pas frappant, d'ailleurs, que, en la voyant, on ait songé à l'antique ? Elle en est digne de tous points par ses draperies apaisées, d'une souplesse nonchalante et ferme qui proclame la sécurité de la puissance bien appuyée sur la force du cœur et des bras. Autour d'elle, se répandent toutes les manifestations de la vie en sécurité, du labeur bien protégé, dans tous leurs détails les plus intimes et les plus publics. « Ces figures, dit M. Rusconi, sont des pierres milliaires sur le chemin de l'art. Cette peinture est une épopée ». C'est la vérité même ; Lorenzetti qui, avec son frère, jalonnera encore la route de l'art de la Chapelle des Espagnols à Florence, et du Campo Santo à Pise, Lorenzetti a écrit l'épopée siennoise avec tout son désir de travail et de rayonnement.

La chaîne est maintenant bien forgée. Au premier anneau courbé par Duccio, se lie le second de Simone, puis viennent ceux de Memmi et des Lorenzetti, ces derniers gardant la gravité de Duccio et son éclat, ajoutant à ses

conquêtes les leurs propres qui sont la profondeur et la richesse. La belle école, si bien
partie ! Que ne va-t-elle pas produire ! Et tout
de suite, là, tout près de Simone, dans la chapelle antique, Taddeo di Bartolo remonte violemment à l'art plus sévère de Duccio, par son
Assomption. Taddeo et son frère Bartolo di
Fredi ont exécuté les fresques de San-Gimi-
gnano. Comme elles surprennent, après Lorenzetti, par leur raideur qui semble remonter
encore plus haut que Duccio et rejoindre Cimabue ! Plus tard, se présente Sano di Pietro,
qui fut appelé l'Angelico de Sienne, charmant
donc ainsi, mais encore plus rétif à l'effort de
Simone et de Lorenzetti. Puis Matteo di Giovanni rude « comme un peintre allemand »,
Sasseta, Vecchietta, Neroccio, Fungai, et toute
cette poussière de Duccio et de Martini, qui
repoussent loin d'eux la vigueur sereine et la
profondeur de Lorenzetti, pour s'attacher à la
tristesse de Duccio — et qui, lorsqu'ils veulent
s'humaniser un peu, vont chercher, ainsi que
fit l'adorable Benvenuto di Giovanni, dont Volterra détruisit le chef-d'œuvre, l'exquis émoi
de l'école ombrienne.

Quelle est la part de Pinturicchio dans cette
dernière influence ? C'est en 1506 que l'illustre
peintre d'Ombrie vint à Sienne pour y glori-

fier, à la libreria de la cathédrale, le grand
Siennois Æneas-Sylvius Piccolomini-Pie II. Le
dernier des Bartolo, Domenico, Sano di Pietro,
Sassetta sont morts depuis longtemps déjà.
Mais ils ont connu Piero della Francesca,
l'Alunno, Melozzo, Bonfigli, Fiorenzo et Signorelli dans leur gloire. Pinturicchio est appelé
à Sienne comme le représentant d'une école
pleine de prestige, et que Pérugin n'a pas encore gâtée. Encore une fois, comme en architecture, comme en sculpture, Sienne-peintre
va chercher sa vie en dehors de ses murs.
Pinturicchio, par la *Vie de Pie II,* ces pages
merveilleuses, flatte Sienne dans son goût pri-
mitif pour le décor et l'éclat. Il faut voir ces
fresques de la libreria pour comprendre à
quelle magie décorative peut atteindre le pinceau, il faut voir leur gaieté, leur harmonie,
leur vérité sans fadeur comme sans rudesse. Et
Sienne-peintre, aussitôt, avec Betti Biagi, le
tendre et charmant Benvenuto di Giovanni,
Cozzarelli et Francesco di Giorgio, Sienne,
encore une fois, d'oublier sa voie tracée, par
Duccio, au temps de sa grandeur rivale de Florence, et de prendre, comme firent les architectes et les sculpteurs, hors d'elle-même une
autre voie.

Nous pouvons conclure. Florence a conquis

Sienne et elle l'a pervertie. Et j'aimerais assez
répéter de Sienne ce que je disais autrefois
de Pise, avec une nuance pourtant. Pise s'hyp-
notisa sur Florence et ne sut plus que l'imiter,
espérant l'égaler. Sienne, opprimée aussi par
Florence, bouda, au contraire, se replia sur
elle-même, ne voulut rien connaître de sa rivale victorieuse, n'en prendre aucune leçon ;
elle se recroquevilla et se dessécha. Qu'il y
eût en elle une ressource, Duccio, Martini et
les Lorenzetti sont là pour le dire. Elle possédait un fond de gravité, dû sans doute à l'influence gothique et à Niccola, et qui, cultivé à
l'italienne, transformé comme le fut l'architecture aux mains de Giovanni Pisano, aurait
suffi à donner à son école une originalité très
marquée. On était ici, de tout temps, plus
idéaliste qu'ailleurs. On y avait l'habitude
d'une vie intérieure assez intense. En intro-
duisant la vie extérieure dans cette méditation,
en associant le corps à l'âme, l'école de Sienne
se fût développée harmonieusement et eût doté
l'art d'Italie d'une part d'idéal sévère qui lui
manque souvent. Mais, Florence l'ayant étran-
glée, Sienne se refusa désormais à prendre sa
part de la gloire commune. Et lorsque Quercia
apparaît, on accepte le phénomène qu'il est
sans le rendre normal, sans en tirer un ensei-

gnement. On ferme obstinément les fenêtres à tout air italien, les yeux à toute merveille italienne. Replié sur soi-même, on ressasse son rêve stérilement. Les leçons de renaissance antique que donne Brunellesco, Sienne ne les prend pas. Les leçons de joie que donne le Quattrocento, les successeurs de Lorenzetti les repoussent. Sienne enfante, mais dans la tristesse. Et c'est une bien mauvaise condition pour créer, que d'être triste. Sienne a fait un beau rêve de domination toscane. Après Monte Aperto, elle crut tout gagné. Tout était perdu, au contraire. Tout s'écroula, et elle s'obstina, fit un saut violent en arrière que Duccio et les Pisano excusent peut-être s'ils ne le légitiment pas. Lorsque son illustre enfant Piccolomini cria au monde sa passion latine et grecque, Sienne eut l'air de ne pas l'entendre. Et lorsque Sienne découvre dans son sol une statue antique, elle ne tarde pas à la briser avec rage, attribuant à la merveille, semblable aux cent merveilles que toute l'Italie découvre en même temps, et adore, tous ses malheurs : la Renaissance est l'ennemie naturelle de la gothique Sienne.

Si nous ne songeons pas au sort politique de Sienne, nous ne pouvons rien comprendre à son art. C'est à celui-là que nous devons cette apparence toujours lasse et presque funèbre de ses œuvres, qui est le vrai caractère de son école picturale, qui constitue celle-ci. L'école ombrienne, avec sa langueur, est-il bien surprenant qu'elle ait tant séduit Sienne ? Et, de la langueur, elle repaît sa tristesse. Sienne, comme Pise, ne pardonna jamais à Florence sa victoire ; elle mourut de rancune. Tenant si passionnément à rester elle-même, elle ne comprit pas que la vie seule pouvait lui en fournir les ressources. Violemment elle se rejeta dans le passé, celui que le Dôme et la chaire de Niccola lui montraient plein de beauté et de prestige. Elle songea exclusivement aux temps de Warnfried, de ses palais gothiques ; elle resta gibeline dans l'âme, de ce gibelinisme qui, dans l'Italie guelfe, auprès de Florence si lucidement nationale, ne pouvait être qu'un regret. Sienne regretta toujours trop pour voir le monde et pour bien vivre. Elle se concentra, pleura ; et le jour où un génie sans égal vint l'enrichir, et dont elle comprit enfin la grandeur, ce furent les Espagnols qui le lui amenèrent : Antonio Bazzi, dit le Sodoma.

Ce Lombard est le grand peintre, le plus complet, le plus achevé de la triste Sienne. Nous le vîmes autrefois ensemble à Monte Oliveto et à Rome. C'est à Sienne cependant

qu'il faut l'étudier, au Palais public, à l'Académie et à San Domenico, si l'on veut le bien
pénétrer. Que sont loin la profondeur de Duccio, la gravité de Martini, la sérénité de Lorenzetti, la tendresse de Benvenuto et la grandeur
de Sano ! Celui-là trouva le chemin de tous
les cœurs ; il accomplit la vraie mission du
peintre qui est de faire mouvoir les corps dans
l'espace et dans la lumière. Il ajoute, par surcroît, sa passion de ces corps mêmes, pour leur
beauté intrinsèque, pour la joie qu'ils ont à
palpiter et qu'ils lui communiquent. *Le Christ
à la colonne* du musée est l'un des plus trou-
blants et chaleureux morceaux de la peinture
tout entière, et les fresques de la chapelle de
sainte Catherine à San Domenico restent parmi
les plus voluptueuses merveilles. Sauf Signorelli, je ne connais aucun peintre qui ait tant
aimé le corps humain. Reconnaissons, d'ailleurs,
qu'il dut plaire à Sienne par cet amour-là ; il
s'attachait davantage à l'impression qu'à l'expression, et ce fut toujours l'idéal même, la
particularité originale, avec la tristesse, de
l'école siennoise, depuis Quercia jusqu'au dernier, de chercher l'effet général plus que la
vérité. Sodoma apporte, en revanche, une connaissance plus parfaite des hommes, il apporte
surtout une joie dont Sienne ne voulait pas. Il

apporte en un mot les leçons de ses maîtres lombards. Mais il est bien siennois par son indifférence des âmes, s'il l'est si peu par sa volupté.

*
* *

Au temps du grand-duc Cosme, Sienne s'amusait à instituer, à l'instar de Florence, des Académies que Cosme favorisait. Et parmi celles qu'il regardait avec bienveillance, il dispensait des faveurs spéciales à l'Académie des Intronati, des lourdauds. C'est bien ainsi, en effet, que l'on se figure la décadence de Sienne, dans la lourdeur, dans l'hébétude; Cosme était un cruel ironiste. A force de trop soupirer, on perd le souffle. A force de regretter, on ne fait plus qu'un avec ce qu'on pleure, on va le retrouver dans la tombe. Nous devons voir cela sans peur, si nous voulons embrasser Sienne dans son développement artistique, connaître les raisons de la gêne qui nous opprime lorsque nous la visitons, cette angoisse qui m'a toujours étreint à chaque visite que je lui ai faite. Nous devons le voir sans peur, et sans craindre qu'on nous reproche notre sévérité.

Car, si nous ne cachons pas les tares, il faut aussi montrer les vertus. De toutes les villes italiennes, de toutes les petites villes, je n'en connais qu'une qui possède une puissance d'attraction aussi vive, et c'est Pérouse. Elles sont aux deux pôles du cœur humain, l'une exprimant le bonheur de vivre et l'autre le malheur. La promenade dans Sienne laisse au fond de nous une trace ineffaçable. Et qu'on ne croie pas Sienne, par la faute de cette sévérité, revêche et déprimante. Au contraire. Sienne sait combien l'existence est pénible et dure, mais elle n'ignore rien de ce qui la rend supportable. Elle professe cette philosophie qui accepte la vie sans lui demander ce qu'elle ne peut donner. Elle a accompli sa tâche, imposée par les obscures lois du monde, avec une ténacité sans espérance, qui est magnifique. Le sillon ouvert par Brennus ou par Barberousse, elle l'a labouré avec un courage indéfectible. J'ai déjà dit la grandeur, que la *Maesta* de Duccio pourrait symboliser, de la place du palais public. J'ai dit l'éclat orgueilleux du Dôme et les merveilles d'art de toutes sortes que la ville possède, et qu'elle a réunies sur son sein comme si elle croyait à la joie. Mais ce que je n'ai pas dit, c'est tant d'autres témoins, San Agostino et ses tableaux, l'oratoire San Bernardino avec ses Sodoma, San Francesco et ses cloîtres, la maison de sainte Catherine, bijou charmant et peut-être trop serti,

Fontegiusta bibelot Renaissance qui enchâsse une perle éclatante, l'autel de Mariano l'un des plus savoureux descendants de Quercia, le palazzo dei Diavoli, aux portes de la ville, le couvent de l'Osservanza d'une silhouette inoubliable sur son pic et où l'on peut étudier à loisir l'exquis Cozzarelli, San Domenico surtout, si pesant à la colline dont il occupe la pointe, si massif et si fier, si heureux du double trésor qu'il détient, l'œuvre de Sodoma et la tête même de sainte Catherine. Je ne l'ai pas dit et tous les guides le disent.

Mais ce qu'ils ne peuvent dire, c'est la grandeur magnifique de ces rues étroites aux palais solennels, de ces descentes ardues au fond des vallées qui séparent les trois collines, la douceur de Fonte Branda, l'imprévu des détours fertiles en surprises de force et de puissance, la beauté du roc tout rouge sous le soleil et qui se dresse dans la verdure des arbrisseaux. Ce qu'ils ne peuvent dire, ce sont les mille aspects qu'offrent les trois pointes de la colline, toujours divers dans leur harmonie, abîmes ouverts à vos pieds, sommets sur vos têtes, campagnes répandues devant vos yeux. Ils ne peuvent le dire, et je ne le puis guère à mon tour. Cela, c'est l'atmosphère même de la ville, ce qui émane de ses murs cahotés, ce que chacun ressent au fond de soi et qui est inexprimable. Jamais ville, si elle parle moins haut que d'autres à la raison, si elle répond moins à ce que nous demandons aux cités de nous dire de logique, de sain et de raisonnable, jamais ville n'a pris et ne séduira, si ce n'est Pérouse pour des raisons opposées, au même degré que celle-là, le cœur des hommes.

Loin de moi le dessein de dédaigner ses trésors d'art. Des chefs-d'œuvre comme le Dôme, le Campo et les palais, comme les sculptures de Quercia, de Vecchietta, de Mariano, comme les fresques de Martini, de Lorenzetti, de Pinturicchio et de Sodoma, appellent à Sienne tous ceux qui sont avides de vibrer à la beauté. Et si s'ajoute la vibration des plus secrets instincts, ceux qui ennoblissent la misérable âme humaine, cette amère sérénité devant les rigueurs de la vie dont on doit, en toute connaissance et conscience, accomplir les rites sans faiblesse, cette sérénité patiente et hautaine sans espoir comme sans crainte, si s'ajoute, en un mot, le sentiment du devoir à accomplir dans l'indifférence des résultats, quelle pénétrante leçon Sienne ne nous donne-t-elle pas ! Voici une ville tôt désenchantée et qui ne crut tout de suite à rien. Et pourtant elle vécut, prospéra, grandit, et se plaça au premier rang, parce qu'elle accepta. Sienne est la ville morale par excellence. Nous pouvons regretter son renoncement. Pour elle, mais non pour nous. Nous l'aimons pour le haut exemple qu'elle donne, en surcroît de ses œuvres. N'est-ce pas, de toutes les entreprises humaines, la plus belle que de fournir un grand exemple ? Aucun cœur bien placé, aucun cerveau bien équilibré ne pourra oublier que, de cette ville obstinée, partit un jour pour Avignon une petite femme résolue, Catherine. L'enfant de la gibeline Sienne allait chercher le pape. Devoir ! Sienne dit ce mot, de toutes ses pierres. Triste condition pour prospérer dans la société, des peuples comme des hommes, que d'obéir toujours à la voix du devoir. La conscience est souvent importune. Sienne eut la gloire de garder sa lucidité, son jugement, d'être honnête et de faire son devoir de la plus admirable façon, puisqu'elle le faisait sans attendre de récompense.

Le jour de l'octave de sainte Catherine, autrefois, les jeunes filles pauvres assistaient à la messe et, processionnellement, parcouraient la ville. Les jeunes gens en quête d'une femme se tenaient sur leur passage et offraient leur mouchoir à celle qu'ils avaient choisie. Si la jeune fille portait le mouchoir à ses lèvres et le rendait au donateur, celui-ci disparaissait. Si elle faisait un nœud au mouchoir, le prétendant était élu, et personne ne pouvait s'opposer au mariage consacré par sainte Catherine. Le sentiment siennois de la fatalité se retrouve dans cette coutume. Nous aussi, faisons un nœud au mouchoir. C'est en vain que la raison s'opposerait à l'amour. Elle met bas les armes devant le choix mystérieux de sainte Catherine : Sienne sait se faire aimer en dépit de nous-même ; elle ne nous en possède que plus durablement.

III

PRÈS DU SANG

Montepulciano.

ANDIDE soupant, à Venise, avec Paquette qui avait contaminé Pangloss dont la confiance ne fut pas ébranlée pour si peu, Candide savourait du vin de Montepulciano. Je suis seul. Aucun Pangloss ne me tient en joie. Aucune Paquette n'est assise auprès de moi pour m'engager à la continence. Je suis seul devant mon verre, et je me sens l'âme ravie de Candide ; les fumées légères du vin délectable me font oublier l'impression de tristesse qui m'a saisi à mon arrivée ici, dans la nuit. Parmi les heures pénibles d'un voyage, il n'en est pas de plus difficile à passer que celle-là, lorsque, inconnu dans une ville qui vous est étrangère, on débarque au seuil d'une auberge à peine éclairée, où des visages curieux, au sourire professionnel, vous accueillent, où vos pas hésitent, vos regards cherchent, inspec-

tent, hébétés et peureux. On sent tout à coup
son éloignement, sa solitude profonde, irrémédiable en cet instant. On est perdu vraiment,
loin de tout. L'homme est un pauvre être
d'habitudes. Avec quelle joie il se raccroche,
au bout de quelques heures, à une horloge vue
le matin, à un escalier gravi le soir ! Il se
crée, en deux heures, des familiarités qui le
soutiennent. L'hôte prévenant et expert m'a
préparé, cependant, un succulent repas qui
a éveillé ma sympathie. Son vin, que Voltaire
n'est pas seul à avoir chanté, m'a rendu l'ami
de la ville entière. Et voici que ma langue est
impatiente de se délier, moi qui aime tant
mes voyages pour ce que j'appelle ma « cure
de silence ». Par la fenêtre ouverte de la salle
entre un air frais, mouillé, parfumé de sen-
teurs sylvestres, un air de montagne, léger et
pinçant. J'interroge mon hôte sur les environs,
sur les possibilités que fournit Montepulciano
de me conduire à Pienza. Et comme il me fixe,
pour l'accomplissement de cette course, un
nombre d'heures qui me paraît excessif, je
proteste, et il me répond :

— Questo paese è buono per l'aria e per
vino, ma non gia per gli cavalli !

Gagnée ma chambre sommaire tout en m'associant à l'éloge du vin, j'ai dormi béatement,

ce qui me prouve, ce matin, l'excellence de
l'air, et me voici disposé à vérifier le malheur
des chevaux. Auparavant, visitons la ville,
l'une des plus charmantes, des plus intimement
élégantes, nettes et distinguées de la Toscane.

La posture de Montepulciano, à six cents
mètres, lui donne l'aspect d'une autre San Gimignano. Mais une San Gimignano plus accueil-
lante et surtout mieux née. Si, en effet, Montepulciano domine, comme la première, les
monts agités, ondulés de la Toscane, ce n'est
que d'une part. De l'autre, elle regarde une
large et riante vallée où paresse son lac, où
brille, au loin, le Trasimène, où scintille,
enfin, sur l'autre bord de la coupe, sa rivale
Cortona. En ouvrant ma fenêtre, au réveil, j'ai
aperçu ce paysage riant et large à mes pieds.
En ce printemps pluvieux, la verdure est
d'une tendresse vive. Les nuages qui courent
mettent sur les récoltes de la plaine et des monts
des ombres énergiques; le val di Chiána, qui
est en train de devenir peu à peu l'une des
plus fertiles vallées de l'Italie, se pare de toutes
les fleurs et de tous les rameaux. Le Trasimène arrête longtemps mes yeux sur la délicatesse de ses reflets vert pâle, pâle comme
le ciel à l'orient, à l'heure où le soleil se
couche. Et les montagnes ombriennes, là-bas,

sur l'autre bord de la vallée, commencent à
dresser leurs sommets fertiles. Un tel paysage
où se prélasse sans mémoire nouvelle le tragique Trasimène ! Montepulciano jouit, de ma
fenêtre du moins, d'un grand prestige.

Elle ne le perd pas lorsqu'on la parcourt ;
un air noble et comme il faut vous frappe aussitôt. Le commerce de vin est considérable ici ;
il nourrit bien son monde. Les rues sont ba-
layées, les maisons brossées, les gens lavés ;
tout sourit à tous. Et cette ville, ainsi lustrée,
sans trous ni taches à ses vêtements, c'est une
ville d'autrefois restée intacte, miraculeuse-
ment sauvée, dans son ensemble, du baroque
ou du moderne, restée Renaissance comme
San Gimignano est restée dantesque, une petite, toute petite, comme l'étoile à la lune, une
petite Florence heureusement préservée de la
civilisation dont elle a pris, pourtant, l'aisance et les goûts les plus aimables et les plus
choisis.

De nobles remparts la ceinturent. Des portes sévères la ferment. Et derrière celles-ci
des rues montent ou descendent, bordées des
vieux palais conservés dans leur intégrité. Rien
de plus charmant que la première place, où
plusieurs palais regardent, sur sa colonne, le
Marzocco à la gueule rageuse et à la patte

lourde. Lourde ? Elle ne semble pas l'avoir
été pour Montepulciano que ses ressources fai-
saient ménager, et que sa discrétion sociale
protégeait contre les excès. La rue monte, et
c'est toujours la même que l'on suit, serpentant littéralement, puisqu'elle nous ramène
bientôt au même point. Tout le long, on ne
rencontre que palais de San Gallo ou à sa manière distinguée. La Renaissance, sur cette
montagne, fleurit uniquement, de tenue impeccable, simple et d'un goût parfait. En la
voyant ainsi perchée, cette Renaissance qui est
la gloire de Florence où le monde entier vient
prendre des leçons de bonnes manières, je
me souviens de la page d'Eugène Müntz, ce
savant impeccable et ce mauvais raisonneur :
« C'est une loi historique que la Renaissance
est faite surtout pour les pays de plaine, et
que, dans les pays de montagne, elle rencontre
de sérieux obstacles ». On devine le développement : la dissymétrie du gothique, sa
recherche du pittoresque, ses caprices et ses
surprises se prêtent heureusement aux acci-
dents du terrain ; tandis que la Renaissance
demande de la régularité et de la netteté, ce
qui exige de grandes surfaces planes. Et
Müntz, cependant, était venu à Montepulciano ! Il connaissait Montefalco, Orvieto, Pé-

rouse, Gubbio, Arezzo, Pienza où j'irai tout à l'heure ! Rien n'est plus édifiant que ces lignes, rien n'apprend mieux la vanité et le danger des systèmes.

Au milieu de tous ces palais, un peu hautains, mais sans morgue, il est une petite maison, cependant, à qui vont mes regards plus émus. Je viens d'y lire, en effet, cette inscription : « Angelo Ambrogini vit le jour dans cette maison ; il y traversa les périls de l'enfance ; rendu orphelin par des ennemis cruels, il la quitta jeune et pauvre, pour la revoir alors qu'il s'était rendu illustre sous le nom de Politien, dont il fut salué comme le rénovateur de la poésie toscane, des études humanistes et de la culture universelle. Ses concitoyens l'honorent par cette solennelle commémoration en ce juillet de l'année 1875, 421ᵉ anniversaire de sa naissance ». Ici, en 1454, naquit Politien qui se signala, à quatorze ans, aux bonnes grâces de Laurent, par douze cents vers italiens composés pour un tournoi auquel le maître de Florence prenait part. Ce fut un coup de fortune. Laurent tira Politien du bouge de la via Saturno Oltrarno où il traduisait l'*Iliade* pour tromper sa faim, en fit son ami, lui donna un canonicat, l'employa comme ambassadeur et lui confia

des chaires de latin, de grec et de philosophie.
Politien sut payer : Laurent lui dut la vie ; le
jour des Pazzi, ce fut Politien qui ferma sur
Laurent la porte de la sacristie où on le pour-
suivait. Politien fut le précepteur du futur
Léon X. A l'Académie platonicienne, il siège
au premier rang. Ses amis Marsile Ficin et Pic
de la Mirandole s'inclinent devant son savoir
et, par-dessus tout, devant son ingéniosité. Il
n'est pas de bonne fête sans les vers de Politien, il n'est pas d'événement qu'il ne com-
mente. De nos jours Politien composerait, à
coup sûr, des cantates. Bien mieux encore, il
écrirait des chroniques. Tout sert de prétexte
à sa muse pleine d'une complaisance et d'une
fertilité infinies. Tous les faits et gestes de
Laurent, même les plus infimes, l'inspirent ;
et même ce à quoi Laurent reste étranger : du
moment qu'une action est belle ou plaît à
Politien, elle ne peut émaner que de Laurent.
Les hymnes, les élégies, les épigrammes, de
tomber comme grêle. Chose admirable, tout
cela est toujours très bien. L'âme est charmante de bonté, de gaieté, de droiture. Et la
plume, d'un maître écrivain. Politien savait
tout, avait tout lu, tout pénétré ; et, si un dé-
faut peut lui être reproché, c'est d'être un
peu trop féru de littérature. Son originalité

est étouffée par celle-ci, quelquefois, entre autres lorsqu'il compose un *Rusticus* d'après Pline et Varron, au lieu de regarder autour de lui. Car il était champêtre. Il possédait une villa à Fiesole où il aimait à se retirer, comme Horace à Tibur, au milieu de ses amis. Ses bosquets rivalisent avec ceux de Careggi, et il ne craint pas d'en envoyer les fleurs à Laurent. Image parfaite de l'homme de lettres accompli, Politien fut pour beaucoup dans la vogue humaniste à laquelle, les scories disparues, nous devons notre culture moderne. Il mit à la mode la poésie et la philosophie, Virgile et Platon, Horace et Lucrèce. Ses cours ont enseigné une postérité dont nous descendons.

Combien cet esprit classique devait se plaire à regarder la place du Dôme de sa patrie, où brille le génie toscan dans sa fleur la plus pure, d'une simplicité si élégante, d'une justesse de lignes que Florence, cédant fréquemment à l'ostentation qui est souvent le péril de la richesse, si grande soit l'instinctive modération, que Florence elle-même pourrait envier! J'ai déjà vu, en Toscane, à Pistola, à Lucques, à San Gimignano des places publiques aussi achevées, aussi parlantes que celles-ci. Aucune ne peut donner une telle impression de goût

absolu. Le palais communal, d'abord, du xiii^e
siècle, avec sa base à bossages, ses fenêtres
en plein cintre, et sa tour gibeline à deux
étages ; à droite, la cathédrale, avec sa façade
inachevée, où la brique attend toujours le
marbre, comme à San Lorenzo de Florence ;
en face, le palais Contucci, et, à gauche, le
palais Nobili, tous deux d'une stricte élégance,
empreints d'une mesure parfaite ; un puits à
colonnes, dans un coin, pour la fantaisie, et
voilà une place d'une tenue impeccable, sans
flaflas, sans cris, sans rien qui aguiche, et où
tout retient. La première Renaissance s'y
montre plus que partout ailleurs dans sa fleur
épanouie, sans tare, sans aucun excès. C'est
net, et ce n'est pas sec. C'est sévère et ce n'est
pas triste. C'est gai et ce n'est pas jovial. C'est
juste, et voilà tout. Pouvoir cela, c'est pouvoir
encore plus. Visiblement, on s'est retenu. Mais
on ne veut pas davantage. On s'en tient là
parce qu'on aime les choses pures, les choses
nettes. Une âme populaire très haute et très
fine conduit fermement la main de l'artiste
inspiré également.

Montepulciano, pour tout dire du mot qui
me brûle, respire un air aristocratique au
premier chef. Voilà son caractère le plus
évident. Elle a grand air dans sa petitesse.

On y parle bas, on évite de mettre son chapeau
en arrière, et l'on tire ses manchettes en
l'abordant. On dit que ses origines sont nobles, d'ailleurs. Chiusi ayant été envahie par les
Gaulois, les habitants durent s'expatrier. Mais
peuple et noblesse ne s'entendent pas sur le
refuge à choisir. Et ils se séparent, heureux
peut-être du prétexte. Le premier se retire en
un lieu situé au pied de Chiusi, *castrum plebis* :
Citta della Pieve, où naîtra Pérugin. La seconde monte, vers le nord, sur une montagne
qui fut appelée *mons politicus* ou *politianus* :
Montepulciano. Du temps de Rome, personne
ne parle d'elle. Petit village, évidemment,
sans aucun rôle politique ou social. Et ce n'est
qu'au viiie siècle qu'on voit apparaître son
nom dans l'histoire. Peu à peu elle croît en
importance, et Florence a besoin d'elle à cause
du val de Chiana qu'elle commande, tandis
que Sienne ne peut souffrir une alliée de Florence aussi près de soi. Quelle choisir pour
protectrice contre l'avidité de l'autre ? Sienne
si proche paraît la plus dangereuse ; Montepulciano se donne à Florence. Mais Sienne, en
1202, n'en est pas réduite à accepter un tel
affront. Elle marche sur Montepulciano qui
appelle Florence à son secours. Florence, oc-
cupée d'autre part, conseille une alliance avec

là voisine du sud, Orvieto. Le conseil était bon, car de 1207 à 1232 Montepulciano résiste à Sienne qui l'emporte enfin et détruit le château. Deux ans après elle le rebâtit, et désormais Montepulciano va suivre toutes les vicissitudes classiques des petites villes italiennes, avec cette légère particularité que ses vicissitudes seront invariablement commandées par les hauts et les bas de Florence et de Sienne. L'intermède des frères del Pecora, deux frères se disputant le pouvoir, la ville les jetant tous deux dehors, l'un revenant avec une armée, l'autre s'offrant pour défenseur, tous deux bientôt réconciliés, tous deux renvoyés une seconde fois, et la cité se donnant à Sienne pour échapper à ces bandits, que de fois n'avons-nous pas vu cela ! Puis, lasse de Sienne, en 1388, Montepulciano s'offre à Florence qui fait la renchérie. Ses engagements avec Sienne lui interdisent d'accepter, dit-elle. On négocie, et, en 1404, Sienne abandonne à Florence Montepulciano. La paix, pour quatre-vingt-dix ans, de régner ; et c'est pendant cette période que s'élèvent tous ces palais, la ville telle qu'elle nous est parvenue.

La tempête soulevée en Italie par la descente des Français ne pouvait pas ne pas atteindre Montepulciano qui reste fidèle aux guelfes tant qu'elle peut ; en 1495, cependant, un peu trop tôt, elle se décide et passe brusquement à Sienne au cri de : « Libertà e lupa ! » Florence envoie quelques bataillons qui sont repoussés. Florence, à ce moment, a besoin de toute son adresse. Attaquée de tous côtés, elle court les plus grands périls. Elle plie, négocie, et, finalement, consent à reconnaître à Sienne le pouvoir de Petrucci si on lui laisse Montepulciano, qui ne la quitte plus. Ceci n'est qu'un épilogue. Dès 1400, en somme, Montepulciano est florentine, et une Florentine restant en dehors des luttes, jouissant de la paix dans un pays riche, et n'affichant aucune ambition. Elle traverse tout le Quattrocento avec toutes les ressources nécessaires pour en profiter, malgré sa modestie de petite ville. Elle garde son unité qui est le cachet non d'une époque mais d'un simple moment, et qu'on ne peut trouver ailleurs aussi pur de tout mélange.

Les œuvres d'art, du reste, y sont peu nombreuses. Trois noms brillent seuls, tous trois florentins. Robbia, Donatello et Michelozzo. On pouvait plus mal choisir. Taddeo di Bartolo, il est vrai, représente Sienne par un tableau d'autel : *Mort, Assomption et Couron-*

nement de Marie, à la cathédrale ; l'œuvre est
maîtresse. Mais Florence, à Montepulciano, est
trop souveraine · pour que Taddeo y fasse son
effet. L'âme mélancolique, de vie intérieure
concentrée, · presque jalouse et soupçonneuse
des Siennois, ne s'entend pas avec ces voisines
fastueuses et réalistes que Donatello a rendus
familières à ses contemporains. Et, dans cette
cathédrale, dont ce Taddeo est l'un des trésors,
Donatello et Michelozzo éclipsent tout ce
qui n'est pas eux. Leur œuvre, pourtant, fut
indignement traitée. Elle est divisée aujour-
d'hui en quatre morceaux dispersés aux quatre coins de l'église. Nous la recomposons
dans notre esprit, en dépit des outrages ; ses
« membra disjecta » se rapprochent. Près de
la porte, la figure tombale du cardinal Bar-
tolommeo Aragazzi, secrétaire de Martin V.
Grand humaniste, lui aussi, il aida Poggio
à rechercher les manuscrits dans les couvents d'Allemagne et de France, lors du
concile de Constance ; il édita Lactance,
Vitruve et Priscien. Sa renommée était générale. Leonardo Bruni raconte que, voya-
geant du côté d'Arezzo, il rencontra un char
embourbé que des bœufs s'efforçaient en vain
d'arracher aux ornières, tandis que le charre-
tier lançait, en guise de coups de fouet, des

imprécations contre les poètes. — « A qui en
as-tu donc, l'ami ? demanda Bruni. — Je con-
duis, répondit l'homme, le tombeau d'un ridicule vaniteux qui a ordonné d'ériger ce
monument dans sa ville natale, Montepulciano ». Et Bruni poussa à la roue. Hélas !
le mausolée arriva à destination, mais pour
être bientôt morcelé. Et voici tout ce qui en
reste : encastrés dans des piliers, deux reliefs
d'une vigueur très rude, d'une énergie primitive ; à droite de l'autel, un Christ bénissant ;
au-dessous de la table sacrée, un bandeau
d'angelots soutenant des guirlandes ; de chaque
côté de l'autel, enfin, deux figures allégori-
ques portant des flambeaux.

Quelle est la part de Donatello, quelle est
celle de Michelozzo dans ces morceaux ? Nous
pouvons sans crainte les attribuer tous à Donatello. S'ils ne sont pas de sa main, ils sont
de son génie qui les inspira, les conçut et en
dirigea l'exécution et la disposition. Où qu'il
aille, quoi qu'il cisèle, ou simplement qu'il
conseille, Donatello marque tous ses héros
d'une telle empreinte qu'on ne peut plus s'imaginer les idées et les formes qu'il a rendues
autrement que selon sa vision. Qui donc, sorti
du Bargello à Florence, se représentera jamais
saint Jean autre que sous les traits du fier,

souple et grave jeune homme de Donatello ?
La *Foi* du monument Aragazzi, peut être de
Michelozzo ; Donatello, ne fût-ce que par l'em-
prise du maître sur l'élève, en est l'auteur
certain, et plus jamais, incorrigible optimiste,
je ne songerai à la foi sans me la représenter
ainsi, calme, tolérante, sans haine comme
sans faiblesse.

Le petit musée du palais municipal contient
trois Robbias qui comptent parmi les plus
beaux, si heureux dans l'audace des couleurs
qui s'opposent, si classiques dans le dessin.
Ceux qui ont vu l'incomparable collection du
Bargello trouveront encore de quoi s'émer-
veiller. Et, si je comprends le regret de M. Bargagli-Petrucci, qui a écrit une excellente
monographie de Montepulciano, je ne puis y
souscrire. « La chapelle de l'oratoire de la
Miséricorde et la salle de la Préture ont dû se
priver de leurs Robbias pour qu'un futur di-
recteur de musée puisse les montrer, cimentés
au stuc blanc, sur des murs froids d'une plus
froide salle de musée. Il est même à craindre
que, pour rendre parfaite la symétrie en
quatre panneaux, on ne trouve moyen, un
jour, de dépouiller l'église de la Madonna
delle Grazie qui, parmi les pilastres des ar-
ceaux et la décoration élégante de Vignola,

garde un quatrième autel robbien, peut-être
supérieur aux autres, et certainement plus respecté parcequ'il renferme une image miraculeuse de la Vierge ; les fidèles ne permettraient
pas facilement l'enlèvement ». Je suis peut-
être injuste, mais il me semble trouver dans
ces lignes la mauvaise humeur d'un Siennois
en présence de la beauté florentine ayant prospéré sur cette terre qui fut siennoise. Et même
si M. Petrucci se justifie de sa patronymie, je ne
puis regretter davantage la réunion des Robbias
dans « une prison d'art ». Je ne sais pas jusqu'à quel point une « décoration élégante » de
Vignola peut convenir à un Robbia ; je ne sais
en quoi le « mur froid » d'un musée est
inférieur aux murailles froides d'une église.
Et la Vierge miraculeuse m'effraie un peu,
quand je songe à ce que sont devenues tant
d'œuvres d'art chargées d'oripeaux et de bijoux sous prétexte de miracle, ainsi qu'on
peut le voir — et ne pas les voir ! — entre autres
à Naples dans Santa Chiaria, à Rome dans San
Ignazio. Il faut consentir au destin des choses.
Celui de la beauté est d'enseigner. Et le
voyageur qui vient s'instruire, n'est pas, du
moins, pipé dans le « froid musée », pipé ni
déçu.

Ni l'un ni l'autre ne seront ceux qui, descendant, par des chemins ombreux, la colline où trône Montepulciano, iront demander à l'église de San Biagio une dernière, et la plus haute de toutes celles que donne cette ville aristocratique, une dernière émotion. Il ne suffit pas d'accomplir une œuvre. En architecture surtout, il faut encore savoir la situer. Le génie des Florentins possédait au suprême cet art des convenances monumentales. Vingt fois on peut les surprendre qui, par un heureux choix de l'emplacement, par l'harmonie du paysage et de l'œuvre, ont fait de celle-ci, qui n'a rien en elle-même de prodigieux, quelque chose qui devient un prodige ; Antonio San Gallo fut de ces Florentins adroits et judicieux, pleins d'un goût averti. Et cela est de si bonne guerre ; il est si rare de voir un architecte savoir ainsi jouer du décor ! Au pied de la colline, sur une plate-forme elle-même colline, sur la première chute enfin de la cascade des montagnes, San Biagio mince, étroite, élancée, découpe les arêtes de sa croix grecque et tourne les rondeurs de son dôme. Un léger campanile lui met un plumet à la coiffe.

De quelque route que vous arriviez, sauf de celle de Chiana, vous voyez ainsi San Biagio, au pied de la ville, relais charmant, pro-

logue élégant, première strophe de grâce fine.
Mais ces épithètes modérées sont-elles suffi-
santes? Il n'y a pas de sublime dans cette
œuvre; et pourtant il y en a par sa convenance
et ses entours si bien choisis. Et puis enfin, il
y a la trouvaille de San Gallo et qui vaut bien
son prix, l'idée, le souvenir de Bramante, l'intention de réaliser ce à quoi Rome n'arriva
jamais, et qu'il peut, lui, accomplir parce
qu'il fait petit, de réaliser Saint-Pierre de
Rome. Agrandissez San Biagio, et vous avez
Saint Pierre tel que Bramante l'avait dessiné,
tel que Michel Ange voulait le terminer. Qu'il
eût été beau, aussi absolument parfait, pro-
portionné dans tous ses membres, hardi dans
ses lignes aisées, d'une grâce jaillissante de
beau jeune homme, de la grâce de saint
Georges enfin! Donatello encore eût passé par
là — et Michel Ange eût ajouté sa puissance
surhumaine.

Si l'on veut savoir ce que contient de justesse et de perfection l'art de la première Renaissance, resté sévère malgré son charme,
empreint du sentiment que nous appelons,
lorsque nous l'appliquons aux hommes, la dignité, c'est à Montepulciano qu'il faut venir.
Le voyage est à peu près exclusivement architectural; mais il l'est totalement, complète-

ment, c'est-à-dire que le paysage construit par les forces obscures se réunit à l'œuvre édifiée par les forces conscientes, pour nous donner une impression, non pas bouleversée, extatique et enivrée, mais calme, douce, pleine, l'impression enfin de l'idéal même, quelque chose d'analogue, dans l'art de bâtir, à ce que Raphaël suscite en nous par l'art de peindre. L'aristocratique Montepulciano, je la mettrais volontiers à côté du *Parnasse* : elle occupera une place égale dans mon souvenir.

IV

LA LEÇON SUR LA PLACE

Pienza.

J'AI donc éprouvé l'infortune des chevaux
« politiens ». Elle est grande, sans être
excessive. Le pays est accidenté, mais on ne
quitte guère les sommets. La route tourne
beaucoup, mais va de dos en dos, descendant
rarement dans les fonds, habile à rester sur les
hauteurs. Ceux qui l'ont tracée sont fils de
Montepulciano, de goût délicat, et qui savent
la grâce des chemins en crête. La terre même
des beaux champs plantureux ondule comme
la vague, et la ville reste longtemps en vue,
surveillant ses vignes ; çà et là, un cyprès lui
fournit ses repères. Pienza, d'ailleurs, siège à
une centaine de mètres plus bas que Montepulciano. Assise sur un large plateau, elle sem-
blerait installée dans la plaine, si, de l'autre
côté, elle ne regardait des fonds que San Quirico et Montalcino dominent à l'opposé, sur les

montagnes relevées brusquement. Tout est gras et fertile autour de Pienza, de verdure courte, mais non rase. Sauf par instants, lorsqu'apparaissent ce que Montaigne nomme des « fendasses », des amas d'argile crevassée, inculte, coulant en longues échines grises d'éléphant, la terre tragique que j'ai vue autrefois à Monte Oliveto, et où j'imaginais que Sienne avait dû venir chercher sa louve affamée. Ces aspects sont rares, d'ailleurs. Le gras humus reprend bien vite, l'emporte promptement ; et, oliviers dans les champs clos de haies de secouer élégamment leurs feuilles argentées, moissons de grandir, d'un vert tendre et frais à l'œil. Campagne aisée et joyeuse, d'un peuple prospère, où circulent les charrettes de vin traînées par de grands bœufs dont le joug s'emmanche à un long brancard recourbé et qui retombe entre les paires de cornes, en proue de navire rouge et blanche.

La porte de Pienza regarde d'un côté une esplanade, de l'autre une rue, celle-là égayée d'arbres et de villas coquettes, celle-ci sombre et étroite ainsi qu'il convient. Plus modeste toujours que Montepulciano, Pienza l'est restée, en dépit de sa prospérité assez cossue. Y circule le même peuple, qu'à Montepulciano, industrieux, net en ses aspects, et qui ne considère pas, comme ailleurs, l'étranger en phénomène ou en bête fauve. Le même peuple, mais à aucun point de vue la même ville. Sauf, en effet, sur la place aux quatre monuments célèbres, Pienza n'est en rien Renaissance. Elle ne s'est pas accrue ni embellie, à la suite du passage de Rossellino: Sa prospérité est restée agricole, et Pie II n'a pu augmenter la fertilité de la terre. On a laissé le pape doter la cité ; on ne l'a pas suivi, faute d'argent, ou plutôt par bon sens. Il ne suffit pas d'adopter un train, il faut le soutenir. Pienza, petite ville de trois mille habitants, ne pouvait s'offrir de luxe. Elle a compris son impuissance, et elle est demeurée la même ville qu'au moyen âge, dans ses murs vieillis avec elle, avec ses maisons sans caractère comme sans art, simple, aux places nues, aux rues vides, aux églises modestes, la ville enfin que l'on verrait toujours de loin sur sa colline, sans y jamais entrer, dont on se contenterait d'admirer la silhouette dans le paysage et sur le ciel, si l'on n'y cherchait pas le chef-d'œuvre signalé — et pour lequel tout seul on est venu.

Un jour de 1405, dans une ville obscure, sans histoire comme sans ambition, et qui s'appelait alors Corsignano, naquit d'une famille et d'un père trop prolifique — il eut dix-sept enfants, ce qui le ruina — un vif garçon qui se nommera un jour le pape Pie II. En attendant, il s'appelle Æneas Sylvius des comtes Piccolomini. En dépit de sa pauvreté, le père envoie son fils étudier à Sienne. Il a deviné l'intelligence de l'enfant, et il espère que, avec un peu de chance et d'adresse, le gamin pourra couvrir une carrière enviable, et requinquera peut-être la famille. Æneas, s'il est studieux, ne semble pas, cependant et pour le moment, disposé à faire son chemin dans les ordres. Il prendrait le collet tout au plus, comme on dira plus tard, ce qui n'engage à rien. Bref, le jeune élève étudie joyeusement à Sienne, lorsque le cardinal Capranica, qui se rend au concile de Bâle, passe par la ville. Il rencontre Æneas Sylvius, le trouve intelligent, disert, et, comme il avait besoin d'un secrétaire éloquent, il l'emmène. Æneas Sylvius part, encore écolier; il ne s'arrêtera plus que pontife, pour mourir, sur le rocher d'Ancône, l'une des morts les plus grandioses de tous les temps.

« C'est un joli roman d'aventures, semblable à quelque conte du siècle dernier, que l'existence de ce garçon, souple, désinvolte, rapide, agile, débrouillard et gracieux. Poète chanteur de filles, étudiant distingué, valet madré, secrétaire d'évêque, conteur polisson, orateur disert, latiniste aimable, courtier d'amour, abbé d'occasion, il était bon à tout faire, même un pape : il fut pape. »

Philippe Monnier, dans son très remarquable ouvrage, d'une compilation vertigineuse, *Le Quattrocento,* trace ce vif crayon d'Æneas Sylvius Piccolomini ; vif crayon qui me paraît sévère, le portrait du secrétaire de l'archevêque de Grenade, tout au plus. Il y avait mieux, sûrement, en la jeunesse de Pie II, qu'un simple Gil Blas. Qu'il se montrât adroit, docile aux tâches imposées par son maître, flatteur aussi, intrigant encore et davantage, il le fallait bien. Mais il y a façon de faire ces besognes que la nécessité impose, les mains nues ou avec des gants, si ce n'est avec des pincettes. Pie II tenait son âme haute, s'il savait que la jeunesse doit se plier souvent, sans s'abaisser pour cela, et trouver, entre l'obséquiosité domestique et le dédain grossier, ce qu'on a appelé « ce degré d'honnêteté adroite » nécessaire, à tout âge d'ailleurs, dans toutes les sociétés. Gil Blas s'était avoué trop complaisant et trop dénué de sens moral, pour qu'il pût devenir pape jamais. Pie II le fut haut le pied, pour avoir fidèlement, honnêtement et courageusement servi ses maîtres divers. Il a passé pa-

tron sans servilité aucune, jamais. Puis, sur
le trône, il vécut huit années de véritable
martyre, héroïque et sublime. Gil Blas, sur le
siège pontifical, n'eût jamais songé à faire la
guerre au Turc pour l'amour d'Homère ou de
Virgile, mais à vivre grassement. Si peu que ce
soit, on distinguait certainement dans le secrétaire de Capranica quelque chose de Pie II, et
qui l'empêchait d'être secrétaire de l'archevêque de Grenade.

Voyez-le, fier et déluré garçon, dans la
fresque de Pinturicchio, à la libreria de la cathédrale de Sienne. Bien planté sur son cheval blanc, le feutre aux bords relevés déga-
geant son visage allongé, plein d'espoir et de
gravité. La vie, sous la forme de vaisseaux et
d'un promontoire tout bâti, se dresse devant
lui, la vie qu'il aimera tant et qu'il saura si
bien conduire l L'affaire de Bâle est d'importance, en effet. Capranica se rend au concile dans le but d'obliger le pape Eugène IV
à lui reconnaître son titre de cardinal conféré
par Martin V. Capranica compte sur son secrétaire Piccolomini pour plaider sa cause. Le
jeune homme est éloquent ; mais quelle tâche l
Æneas Sylvius a du courage, de l'ambition.
Il plaide, et chacun d'être gagné par cette
verve, cette dialectique, et surtout, en ce mo-

ment où l'antiquité littéraire grise toutes les
cervelles, par cette érudition, ce goût, cette
connaissance achevée de tous les auteurs dont
on s'enivre. Il devient le Benjamin du concile
qui l'adopte et l'adjoint aux diverses ambas-
sades envoyées vers les cours étrangères. Qu'il
se trouve sous les ordres de l'évêque Scaligero,
ou de l'évêque Visconti, ou du cardinal Albergati, il est la tête et la voix du clergé romain.
Dans l'Europe entière il marque son passage,
accaparant les hommages et les succès, succès
de tout genre, même de femmes : passant à
Strasbourg, il est aimé d'une Anglaise qui lui
donne un enfant.

Le coup de fortune lui arrive à la diète de
Francfort, où l'empereur Frédéric III ne jure
que par lui. Amédée de Savoie, pape éphé-
mère, l'a pris pour secrétaire. Piccolomini ne
se décourage pas lors du renoncement de ce
maître à la tiare. Il est souple au possible,
adroit au suprême, hardi et d'une ambition
avisée. Se retournant vers l'empereur, qui l'a
couronné poète, il prend service à la cour, et
accepte, après avoir combattu déjà Eugène IV à
Bâle, de venir à Rome, au nom de Frédéric,
soutenir la cause de l'empire contre la papauté. Le moment était délicat pour lui. Il fallait prendre parti, se mettre d'un côté ou de

l'autre, c'est-à-dire comprendre où son avenir serait le plus brillant. Avec une sûreté de coup d'œil surprenante, il juge que le pape est le plus sûr. Et, feignant d'avoir été convaincu par Eugène, il repart pour l'Allemagne persuader son client de ses torts.

Sa résolution est prise : il entrera dans les ordres. Dès lors, aucune hésitation, aucun repentir, aucune demi-mesure. Ce brillant cavalier, mondain, viveur, féminin, païen par ses goûts et son éducation littéraire, auteur d'une comédie et d'un roman que Boccace pourrait envier, rompt violemment avec ce passé et devient un homme grave, sévère à soi-même et aux autres, impeccable ; et, à l'estime intellectuelle que l'on professe pour lui, il oblige à joindre l'estime morale. La conséquence ne se fait pas attendre. Le successeur d'Eugène, Nicolas V, le plus littéraire de tous les papes s'il n'y avait pas Pie II, le choisit comme secrétaire et le nomme évêque de Trieste, de Sienne bientôt, en 1450. A quarante-cinq ans, il revient couronné d'une autorité non seulement fonctionnelle mais personnelle absolue, dans la ville d'où il était parti, vingt-sept ans auparavant, assez gueux. La belle carrière ! Et je ne puis croire à la vulgarité de la joie d'Æneas. Jeune ambitieux

avant tout, c'est certain, Piccolomini n'en
garde pas moins beaucoup de noblesse. Adroit,
il est encore plus attentif sur soi-même. Jamais il ne perd de vue, pour des satisfactions
ordinaires et qui pourraient toujours séduire un
homme, ses desseins qui sont élevés. Sa vie peut
se comparer aux plus légitimement avides de
gloire. Qui donc accuserait un Cromwell, un
Napoléon de petits appétits parce qu'ils sont
arrivés haut étant partis de bas ? Pie II, sans
avoir leurs génies, ne leur est pas inférieur en
qualité morale. Son ambition n'a rien de mes-
quin. Et ce que nous appelons aujourd'hui di-
lettantisme, cette curiosité de toutes choses, ce
désir de se frotter à tout, de tout aborder
pour en tirer quelque richesse d'esprit, ce
sentiment souvent stérile, lorsqu'il n'est pas
soutenu par un caractère, s'appuie, chez lui,
sur une volonté, une perspicacité, une élé-
vation de cœur incomparables.

Voyons-le, encore, à la libreria, peint par
Pinturicchio alors que, après avoir négocié le
mariage, il amène à Frédéric III toujours son
ami, sa fiancée Éléonore de Portugal. C'est
aux portes de Sienne que la remise a lieu —
et ce dut être un beau jour. Frédéric nourrit
un désir cependant : être couronné empereur à
Saint-Pierre. Piccolomini se charge d'enlever

l'affaire, et il l'enlève. Frédéric se dirige vers Rome ; arrivé aux portes de la ville, il aperçoit l'évêque de Sienne qui s'avance au-devant de lui. Il pique des deux, et, l'embrassant : « Voilà Rome ! s'écrie-t-il, tu y seras pape. Montre-toi alors l'ami de celui qui te le prédit ! ». Æneas Sylvius avait de la délicatesse. Il dut sentir affluer le rouge à ses joues et des éclairs piquer ses yeux ; il dut être choqué de ce mauvais goût de Germain. Il ne broncha pas ; pas plus qu'il ne broncha le jour où Calixte III, en lui posant sur la tête le chapeau de cardinal, lui mettait à portée la tiare pontificale. Le 19 août 1458, Æneas Sylvius prenait le nom de Pie II. Élu pontife, il proclamait sa reconnaissance aux humanités qui l'avaient formé, par le choix de ce nom qui était celui donné par Virgile à Enée.

Assurément cette carrière est moins surprenante que celle d'un Sixte-Quint, gardeur de pourceaux. Elle est moins surprenante ; mais elle est plus belle. A une époque de corruption civile et religieuse, l'austérité du moine, par son exception, brille facilement. Mais à une époque littéraire, éperdue d'art et de culture, Piccolomini compte pour une unité parmi cent émules. Sortir de cette cohue et s'imposer à ses égaux, à des cardinaux comme

Bessarion, Landriani, Albergati, Orsini, c'est tout de même plus difficile que de se distinguer par des macérations. Être choisi parce qu'on croit à votre vertu dont on a besoin, c'est bien. Mais être choisi parce qu'on a réussi à vaincre tous les camarades qui vous valent, c'est mieux encore. Et réussir enfin sans jamais rien renier, au contraire, de son passé, afficher hautement cette culture qui est celle de tous, par ainsi proclamer que le pape reste l'étudiant de Sienne, revendiquer la filiation virgilienne, païenne, sur le trône de Pierre, cela est d'un cœur altier et d'une intelligence profonde. Jusqu'à la fin de ses jours, si tôt fauchés, à cinquante-neuf ans, Pie II restera l'humaniste qu'il fut à Corsignano ; et sa mort, que nous avons évoquée à Ancône, autrefois, couronnera cette vie magnifique par un symbole humaniste d'un prestige incomparable.

Pienza est là pour nous dire que Pie II n'oubliait pas. Du petit bourg de Corsignano il voulut faire une ville qui perpétuerait sa gloire. Il lui donna son nom, et y fit bâtir la fameuse place où je viens de rêver ainsi à sa grande âme si bien nourrie de poésie, et où le moins beau n'est pas de voir que Pie II fut un homme complet, à la vie mouvementée, di-

verse, humaniste, mais bien humaine aussi.
Rossellino fut chargé de construire la cathédrale et les palais; et cet élève d'Alberti se
montra digne de son maître. La façade si légère, de temple sobre et gracieux, cache des
nefs majestueuses à qui les colonnes surmon-
tées de piliers carrés donnent une allure puissante. Des œuvres d'art intéressantes l'ornent,
un Vecchietta chanté justement par M. Paul
Bourget dans ses *Sensations d'Italie*, un Matteo di Giovanni et un Sano di Pietro que je
préfère au Vecchietta, pour ce qu'ils ont, plus
que celui-ci, gardé la tradition des Duccio et
des Simone Martini. En face de la cathédrale
se dresse le palais public, couvert de grafitti
et couronné d'une tour. A gauche, la maison
des chanoines et l'évêché; à droite, enfin, le
palais Piccolomini, superbe de force, semblable au Rucellaï de Florence, pour tout dire.
C'est la première fois, il me semble, qu'une
œuvre aussi complète est donnée à accomplir
à un seul homme. Rossellino, en trois ans,
éleva un monument, un seul, en quatre palais.
On respire ici un air d'unité exceptionnel. On
y lit l'âme tout entière du pontife, noble, élevée, au goût parfait, ami de la grandeur,
ennemi du faste criard, une âme très haute,
qui aime le beau pour lui-même et pour soi-

même et qui, si les petits esprits supposent de la vanité, ne laisse voir aux clairvoyants qu'un vénérable et très pur orgueil.

La place de Pienza compose un édifice d'art incomparable par sa mesure, son harmonie et par son ensemble qui projette une lumière éclatante sur le quattrocento. Elle projette aussi une lumière sur le cœur du grand pontife qui dut la revoir dans son dernier rêve, alors qu'il expirait sur le rocher d'Ancône, face à ces terres barbares d'où l'humaniste de Corsignano et de Sienne, arrivé au plus haut du monde, voulait chasser les profanateurs de la civilisation gréco-latine. La belle chute, devant la mer de Corfou et de Spalato, à la phrase commencée sur la place de Corsignano !

Avant de regagner Montepulciano, j'ai voulu pousser jusqu'à San Quirico, une Pienza qui a eu le malheur, ou la chance ? de ne donner le jour à aucun pape de génie. Pienza est petite ville; San Quirico est grand village. Près de la collégiale, voici pourtant un palais Chigi, de la fin du xvie siècle. Il y a longtemps que le pape de ce nom est mort; encore plus longtemps que le Chigi de Raphaël a fait la fortune de la famille. San Quirico, en dehors de son palais, reste modeste et tranquille. Nous devons à ce manque d'ambition la vieille col-

légiale du xiie siècle au porche roman, avec
ses lions lombards emmanchés de colonnes.
Nous lui devons la petite collegiata avec ses
deux porches égaux, et enfin le miracle d'un
Sodoma dont le saint Sébastien n'est exactement que l'Héphestion de la fresque de la
Farnesina à Rome. Par là du moins, nous
pouvons rejoindre l'humanisme. Pie II intro-
duit celui-ci dans la politique et dans la religion. Les artistes, les peintres, Sodoma si har-
diment, le mêlent au culte populaire. De là,
il pénètre dans les mœurs et dans les idées, il
fait les hommes qui sont nos maîtres et nos
pères, il nous fait — et il nous donne l'ardeur
nécessaire à sa défense dans la croisade contre
les Turcs d'aujourd'hui, les envieux et les sots,
qui voudraient, en ruinant la culture latine,
ravaler les hommes à leur bassesse.

V

LA FENÊTRE OUVERTE

Chiusi.

J'AVAIS bien raison, à Volterra, de réserver les droits du vagabondage. Vivement impressionné par l'art étrusque, je refaisais tout à coup, en pensée, mes plus récents voyages qui m'avaient si fortement empreint de grécité et de romanité ; et déjà je me voyais courant sans débrider vers les témoignages de l'antique civilisation qui avait uni Rome à la Grèce, avant tout contact direct, ainsi que le Vatican nous initie aux merveilles d'Athènes, Virgile à Théocrite, et César à Alexandre. J'ai couru, mais le souffle m'a manqué. Bientôt Sienne m'a pris, puis la Renaissance m'a accaparé. Et me voici penaud devant moi-même, aujourd'hui que, m'arrêtant à Chiusi, il me faut reprendre la voie abandonnée. J'ai vagabondé avec un plaisir qui n'est pas sans mélange de honte. Je reviens du moins — et j'espère

bien, tout de même, que je trahirai quelquefois encore mes desseins. Est-il si coupable
qu'on le dit, d'être infidèle ? Les amants en
disputent. En voyage, du moins, si ce n'est
en d'autres affaires, l'oubli de ses serments
présente un avantage : il permet le repos, et
le classement, et la balance. Après avoir failli,
si l'on est si vigoureusement repris, il y a
chance pour que l'objet de ce retour ne vous
ait pas abusé, le premier jour, sur ses charmes.

J'ai quitté Montepulciano ce matin, sous
une petite pluie que je connais assez pour la
savoir de simple mise en train. Quand j'arrive à Chiusi, les cataractes du ciel se déver-
sent généreusement. Je voulais voir les tombes
étrusques. Il faut y renoncer. Les chemins qui
mènent aux sépultures éparses dans la campagne ne sont que torrents. Et il faudra deux
ou trois jours pour qu'ils redeviennent accessibles. Me voilà condamné à limiter mon exploration. La peinture étrusque, je ne la verrai
pas aujourd'hui. Mais je la verrai demain.
Corneto, en effet, est sur ma route. Et la nécropole de Corneto est la plus riche de toutes.
Le cœur allègre, je monte donc dans le vetturino, assez content, d'ailleurs, de trouver un
impérieux motif de poursuivre un peu plus

loin l'objet de ma passion nouvelle. Il est merveilleux de voir combien, en voyage, les né-
cessités s'accumulent. Avec quelle joie on se
dit : « Je ne puis pas ne pas m'arrêter à cet
endroit ! ». Souvent l'on serait bien en peine
de dire pourquoi on doit s'arrêter. Et lorsque
des phénomènes de la nature dictent ce devoir, on leur reste infiniment reconnaissant.
Pourquoi me suis-je arrêté à Pérouse ? Eh !
parce qu'il pleuvait à Sienne ! L'argument est
sans réplique, avouons-le. Et il deviendra
plus admirable encore, si la pluie, toujours,
m'empêche d'aller à Pérouse, ce qui m'obligera nécessairement à revenir en Italie
l'année prochaine, où de nouveaux devoirs,
contrariés par de nouvelles pluies, imposeront
une autre visite, douze mois plus tard.

Cette Chiusi est vraiment d'une aimable
discrétion d'avoir si peu de chose à me montrer : une cathédrale et un musée. Elle possède
bien un lac aussi, dans la note du jour tout à
fait. Mais ce lac, il est partout, jusque sur ma
tête, et le cheval de ma voiture y nage courageusement. Nous grimpons donc à travers les
champs ruisselants, vers la ville. Dans la ra-
fale, j'aperçois des maisons, des murs, une
porte, et, pendant que mon cocher va chercher le gardien du musée — sous un parapluie

qui est sûrement, de par son envergure, le célèbre parapluie de l'escouade, — je visite la cathédrale. C'est une noble basilique à trois nefs, que séparent dix-huit colonnes antiques. La particularité de ces colonnes consiste en ce que les arcs ne s'appuient pas directement sur elles. On a placé, en effet, entre les colonnes et les arcs, des cubes de pierre, des sortes de coussins qui me rappellent, en plus grosseir, les chapiteaux byzantins de Ravenne. L'abside ne dément pas cet aspect ravenat, le mur plein au-dessus des colonnes non plus : la première avec ses peintures qui imitent la mosaïque, le second avec ses décors qui rappellent les placages de marbre des édifices grecs de Palerme et de Monreale. Et déjà je m'apprête à vagabonder encore dans les champs de Byzance, dans les champs latins aussi où cette basilique voulait m'entraîner, lorsque le cocher vient me chercher. Le musée est ouvert à mon intention personnelle. La décence veut que je ne fasse pas attendre le gardien ; et voilà encore une bonne excuse pour le jour où je me dirai que, la cathédrale de Chiusi, je l'ai bien légèrement traitée.

Si vous êtes sensible à l'humiliation de ne pouvoir entendre ni parler la langue du pays où vous voyagez, il faut ne pas manquer de

visiter la vieille Étrurie ; vous serez consolé.
La langue étrusque a cela d'admirable, en
effet, que ne la comprenaient pas, hier encore, ceux qui avaient la prétention de la lire.
On lui avait constitué un alphabet, mais on
n'avait jamais pu en disposer les lettres de
façon à leur faire dire quelque chose qui cor-
respondît à une idée quelconque. Et j'admire
vraiment ceux qui ont déclaré que la phoné-
tique étrusque ne leur récélait aucun mystère.
Ils connaissent les signes, ils en fixent le son,
l'ordre même ; mais le seul glouglou qu'ils en
tirent ne les convainc pas qu'ils se trompent
sans doute. La récente découverte de M. Jules
Martha nous fixera bientôt. Mais quelle supé-
riorité nous reste de nous déclarer tout de suite
impuissants ! En contemplation devant des
mots écrits, nous voici tout de suite résignés à
n'en admirer que le dessin, à les traiter comme
des arabesques, des guirlandes et des festons.
Les mots avaient déjà une valeur, les voici qui
possèdent des lignes. Bientôt sans doute éma-
neront-ils des parfums. Nous n'avons pas besoin, d'ailleurs, de leur secours pour nous intéresser et, bientôt, nous réjouir.

Dans ce petit musée de Chiusi, presque
aussi important, par la quantité et la qualité
des objets exposés, que celui de Volterra, j'ai

retrouvé les ravissantes urnes funéraires où le réalisme le plus étroit s'oppose si curieusement à l'idéalisme le plus large. Deux civilisations se trouvent ainsi, au sens le plus strict du mot, superposées : la Grèce maternelle impose ses décors immuables, ses sujets décoratifs ancestraux, toute la mythologie et tous les poèmes ; l'esprit matérialiste de l'Étrurie fournit les portraits qui forment le couvercle du sarcophage. Mais est-ce bien un esprit spécial à l'Étrurie ? Y eut-il transformation locale d'une âme étrangère ? Lorsqu'ils débarquèrent sur les côtes tyrrhéniennes, les Étrusques n'étaient-ils pas déjà positifs et pratiques ? On ne sait pas. Une antithèse artistique, voilà tout ce qu'on constate. Et lorsque le gardien, soulevant le couvercle d'une urne, puise dans celle-ci une poignée de petits morceaux de poussière humaine, et qui ressemblent aux charbons éteints que l'on trouve au fond du fourneau de la cuisine lorsque le fumiste le nettoie, je ne suis pas seulement ému de soupeser ainsi dans le creux de ma main des cendres paternelles. L'impatience me saisit d'interroger ces débris, de les écraser entre mes doigts pour en raviver quelque flamme qui m'enseignera !

— Toutes ces urnes, me dit le gardien, contiennent des cendres.

Ce musée est un cimetière.

La scène que l'on retrouve figurée le plus fréquemment sur le sarcophage, c'est le combat d'Etéocle et de Polynice. Le fratricide abominable me hante en cet instant à l'égal d'un crime personnel. Qu'avons-nous fait d'offenser ainsi ces débris sacrés, les réduisant à n'être plus que des objets de vitrine ! Notre châtiment réside en ce qu'ils ne nous ont à peu près rien révélé. Je vais cependant, tournant autour des petits cercueils à images, tâchant de saisir au hasard quelque signification, de happer au passage un rayon de lumière. Et peu à peu, quelques bribes de notions élémentaires naissent en moi, que je voudrais au moins noter.

Et la première notion est la confirmation de l'indigence où l'on se trouve quand on veut étudier ce peuple mystérieux. De temps en temps, par l'accumulation des petits détails, on se fait illusion ; on s'imagine savoir beaucoup de choses. Puis quand on pose des questions précises, on s'aperçoit que la plupart restent sans réponse. Le principal document sur un peuple antique, par exemple, est le temple où toute lumière se concentre et d'où elle rayonne. Seul Vitruve nous a laissé une description du temple étrusque, description dont la fatale sécheresse reste stérile. Lorsque nous apprenons que le temple était en bois, cela nous renseigne sur la géographie physique de la région et bien peu sur les mœurs. Nous sommes, cependant, un peu plus avertis, lorsque Vitruve nous dit que le temple étrusque déformait le temple grec. Il y eut donc une transformation de la personnalité grecque, une originalité. Mais les urnes le disent mieux encore — ou pas davantage. Et les terres cuites du fronton n'accusent rien d'autre que les figures-couvercles des sarcophages.

De maisons, on n'a retrouvé aucune ; par conséquent, rien de la vie quotidienne, rien de la civilisation. Que ne donnerait-on pour une Pompei étrusque, voire une Sélinunte ! Une seule indication nous est fournie par une urne fameuse du musée de Chiusi et qui représente, croit-on, une maison étrusque. Construction carrée, au toit proéminent, avec une ouverture au centre. On sait aussi que, lorsque la maison comportait plusieurs chambres, l'ouverture centrale devenait une cour, un atrium ; et on croit pouvoir affirmer que, sous le toit, courait une loggia. En fin de compte, si lumière il y a, elle est projetée sur les Romains et sur l'Italie. Le toit étrusque, nous le connaissons, en effet, c'est le toit avancé des palais florentins ; l'atrium, c'est la

7

maison de Rome et de Pompei ; la loggia, c'est la maison italienne en général.

De sculpture autre que funéraire, industrielle donc, presque rien. Cet art, qui renseigne si bien sur l'état de civilisation, sur les idées, les religions, les coutumes, nous est pour ainsi dire inconnu. Et cette Proserpine que je vois devant moi, guère plus fine qu'un *xoanon*, ne fait que s'opposer à certaines images de matrones dont la majesté ou la malice contredisent tant de grossièreté. Les vases de bucchero, si particulièrement étrusques, et de l'Étrurie toscane, troublent encore plus par le fantastique de leurs formes, leurs contournements inexplicables, leurs bizarreries déconcertantes ; ils troublent sans renseigner, si, souvent, ils n'égarent pas. La céramique peinte est purement grecque. Et nous voilà ramenés au commencement. Les objets de bronze, de toilette pour la plupart, donnent le même résultat. Seule la peinture pourrait nous édifier. Le ciel pleure toujours à grosses larmes. Je la remets à Corneto.

Et ce qui, aujourd'hui, apparaît à mes yeux, reparaît plutôt, c'est ce que j'avais déjà senti confusément à Volterra, tandis que je constatais l'origine grecque des Étrusques : la filiation de Rome. Elle éclate avec force en cette ville de Porsenna. N'ai-je pas vu tout à l'heure la maison perpétuée jusqu'au jour de la moderne Florence? N'ai-je pas vu la maison pompéienne, celle de Jean et Paul au Cœlius, celle de Cicéron sur l'Aventin et celle de Livie? Et voici maintenant que défilent sous mes yeux, par les objets du ménage, le domestique romain tout entier. Viennent ensuite les dieux, les trois grands dieux réunis dans le même temple, Jupiter, Junon et Minerve. Puis, les dieux secondaires auprès des grands. Les *Dii consentes* du Forum sont partis d'ici. Aussi les mœurs cultuelles, l'inspection des viscères, le vol des oiseaux, l'importance de la foudre, jusqu'aux vestales. La voûte enfin du Cloaque Maxime, l'ouvrage romain le plus considérable et le plus caractéristique de la vieille Rome; c'est sur elle que Chiusi tout entière est bâtie. Avec quelle force je sens ici la légitimité de la passion que met M. Boni à fouiller le sol préhistorique du Forum, et son émoi lorsqu'il y retrouve des cabanes mortuaires semblables à celle, fameuse, de Chiusi!

Terminant les vingt pages qu'il consacre à Chiusi, M. Bargagli-Petrucci s'exprime ainsi : « Et vous, tristes lions qui gardez l'entrée du Musée, et vous colonnes renversées, et vous

chevaux ailés, puisque la fantaisie du peuple
vous a sculptés et a gravé les innombrables
inscriptions dont sont remplies les rues, les
églises et les palais, vous ruines mystérieuses
d'une grandeur passée, dites, dites s'il est vrai
que vous représentez une philosophie, une
religion, une littérature, un art que non seulement nous ne sommes pas capables d'imiter,
mais pas même de comprendre ! »

Nous nous reconnaissons aussi désarmés,
mais non pas pour forcer Rome à se révéler.
Il me semble, maintenant que j'ai vu, que
l'histoire prudente n'a pas fait assez forte,
dans le développement de Rome, la part des
Étrusques. Tite-Live, ses dédains et son orgueil ont dû nous abuser sur ce peuple. Tite-
Live dit bien, sans doute, que Veies était
puissante ; le mérite de Rome n'en est que
plus considérable. Mais il se garde bien de
nous dire tout ce que Rome devait à Veies. Et
tant de petits faits qui troublent, Tarquin ac-
cepté si facilement par Rome, Servius Tullius,
l'un des meilleurs Romains, et qui était
étrusque. A chaque instant, quelque détail
historique étonne, déroute ; puis le prestige
romain le laisse oublier. Et on préfère ne pas
s'arrêter davantage, puisque, en fin de compte,
on ne serait pas longtemps à rencontrer le

dernier obstacle : l'impuissance. Virgile, n'en doutons pas, embrouilla encore les choses ; et Énée aurait bien réellement fait figure parmi les bandes lydiennes qui fondèrent, dit-on, les villes étrusques dont Lavinium et Albe auraient fait partie, qu'il ne faudrait pas être trop surpris. Ainsi que cela se produira plus tard entre des villes de même sang comme Pise et Florence, par exemple, l'une des villes étrusques grandit plus que les autres et finalement l'emporta. Et son grand effort se dépensa à renier ses frères, à affirmer son origine miraculeuse au monde crédule et superstitieux, à se hausser d'autant plus extraordinairement que sa fortune sera plus prodigieuse. Nous ne savons des Étrusques que ce qu'il a plu aux Romains de nous faire connaître. Or, tout ce que l'on sait grâce aux fouilles modernes rectifie les assertions romaines. Dans ces musées de Chiusi et de Volterra, tout ce que je vois m'est connu. Il n'y a là que de la vie grecque et de la vie romaine. Et les figures elles-mêmes des sarcophages ne diffèrent guère des bustes commémoratifs du Vatican et du Capitole.

Les origines grecques de Rome aussitôt de se préciser ; et, dès lors, s'expliquerait bien mieux le vertige de joie qui saisit les Ro-

mains lorsqu'ils abordèrent aux rives d'Ionie.
Il leur arriva ce qui arriva plus tard aux
Français de Charles VIII, qui ne découvraient
pas l'Italie, mais la retrouvaient. Les Romains
avaient la Grèce dans le sang. Si nous faisons
aux Étrusques, dans la formation primitive
romaine, une place plus importante que celle
qu'on lui donne ordinairement, la surprise
joyeuse de Rome découvrant la Grèce se change
en phénomène normal et naturel. Les Romains
ne furent pas éblouis par la beauté grecque.
Ils furent heureux, simplement, de retrouver
parfait ce qu'ils n'avaient jamais vu qu'ébau-
ché. Tout ce que l'art des Étrusques leur avait
appris, ils le rencontraient enfin idéalisé. Et
les Romains, qui avaient appris à regarder en
Étrurie, dans cette Étrurie dont ils sont les
enfants beaucoup plus que nous le croyons, les
Romains, qui avaient adopté un certain canon
de la beauté, qui s'étaient nourris d'un idéal,
qui ne concevaient, au bref, l'idéal et la beauté
que sous telles conditions, ces Romains ne furent pas égarés lorsqu'ils trouvèrent ces conditions réunies et réalisées au sublime. L'enthousiasme et la facilité avec lesquels Rome se plia
à la Grèce et à ses mœurs résultait d'atavisme.
Lorsqu'elle serra Athènes dans ses bras, ce fut
d'un cœur bien préparé à cette étreinte.

En 296 avant J.-C. seulement, Chiusi fut réunie à Rome par Fabius Maximus. Et Tite-Live dit bien : réunie. Chiusi avait résisté aux Gaulois ; Rome la remercia en l'épargnant. Il y eut donc mélange et non pas substitution d'une puissance à l'autre. On était cousin, si ce n'était frère. Du temps de Pline, on s'inclinait encore avec respect devant le labyrinthe qui cachait la tombe de Porsenna. Problèmes obscurs, où seule la raison, bien délicate à manier, peut nous guider. N'est-on pas toujours sûr de trouver au moins des hypothèses qui nous rappellent éternellement le mot profond, d'une psychologie magnifique, de Stendhal, et qu'il me plaît de redire : « La vérité, c'est ce qu'on aime à croire » ?

VI

LA FENÊTRE REFERMÉE

Corneto.

JE ne regrette plus beaucoup les tombes de Chiusi. Ce que j'ai vu ici me suffit pleinement, et satisfera avec moi ceux qui aiment à rêver autour des choses mortes qui ont emporté avec elles leur secret, à en imaginer librement, à l'aide des maigres traces qu'elles ont laissées dans leur malice, à en imaginer l'autrefois vivant. Cela, je l'eus rencontré sans doute à Chiusi ; je le trouve à Corneto plus abondamment encore, puisque, au lieu des cinq tombeaux de Clusium, en voici vingt, et dans un paysage mille fois plus riche, parmi une grandeur de nature et une vigueur de cité auxquelles Chiusi ne saurait prétendre.

Le chemin de fer a fait de nous des gens pressés. Quel est le voyageur qui, se rendant à Rome, s'est arrêté à Corneto ? On a hâte d'arriver ; le train brûle la station quelquefois ; ou

bien le convoi suivant vous mettrait trop tard
à Rome ; et Corneto située, pourtant, sur la
grande ligne de Rome à Gênes, sur la ligne
où circulent les trains de luxe Corneto reste
à peu près inconnue. Combien de fois moi-
même ai-je passé devant, me promettant de
courir moins vite une autre fois ! L'automobile
remédie aujourd'hui quelque peu à notre hâte.
Nous brûlons toujours les stations, mais du
centre nous revenons, au moyen de notre mé-
canique particulière. On peut aller en automobile de Pise à Sienne dans la même journée, en passant par Volterra et San Gimignano ;
l'excursion de Corneto peut se faire de Rome
du matin au soir. Et voilà que renaissent peu
à peu tant de lieux abandonnés aux savants ou
aux enragés. Gaston Boissier qui a laissé des
pages aussi captivantes que judicieuses sur la
nécropole de Tarquinies-Corneto était des premiers. J'ai compté souvent parmi les seconds,
en cette Italie si habile à décourager les zèles
les plus méritoires, et par l'inaccessible de
ses sites, et par l'inconfortable de tant de ses
gîtes. Que l'on ne me croie pas, cependant, si dé-
pourvu de courage : c'est bien de Rome que
je suis venu à Corneto, mais j'ai fait le voyage
en chemin de fer, et je rentrerai ce soir à
Rome dans l'un de ces trains redoutables qui

partent et arrivent à leur fantaisie, et ayant
dîné, sur la banquette, du contenu d'un panier
acheté en passant à Civita-Vecchia, et où, je
le sais, le verre à boire est de papier. Mon excursion est donc héroïque encore à sa manière.
Et voilà une raison de plus pour que j'en sois
satisfait.

De quelque façon que l'on s'y rende, Corneto compte parmi les plus suggestives petites
villes d'Italie, et ceux qui, jusqu'à ce jour,
ont bien voulu visiter avec moi cette terre fertile en belles murailles, comprendront ce que je
veux dire d'un seul mot : Corneto peut hardi-
ment prendre place entre Volterra et San Gimignano, et ses tombeaux lui ajoutent un prestige inégalable. A six kilomètres à peine de la
Méditerranée dont elle observait les pirates,
Corneto trône comme Volterra, et ses tours
multiples forment, comme à San Gimignano,
les pointes de sa couronne murale. Elle commande à la mer et à la montagne dont elle surmonte les premiers contreforts. A ses pieds,
d'une part la plaine liquide, de l'autre les vallons boisés et chargés de récolte qui montent
vers Vetralla et Toscanella, jusqu'aux monts
Cimini où le lac de Vico remplit un vieux cratère. Deux montagnes, deux longues arêtes
parallèles, rocheuses, ouvrent entre elles une

large gorge fermée au Sud, et que la rivière Marta borne au Nord ; et ces deux collines renferment et portent un inconnu merveilleux. La seconde, celle de l'est, ensevelit complètement sous sa végétation les murs rasés de l'étrusque Tarquinies ; la première, à l'ouest, recèle dans ses flancs les tombeaux sur lesquels la cité nouvelle, appelée Corneto, fut bâtie. Entre la mer et elle, Tarquinies interposait ses morts. Elle n'osait, dans sa mollesse, regarder le danger ni l'aventure. Un rempart de cadavres devait la protéger. Et ce fut de la montagne que les calamités descendirent. Rome s'empara de Tarquinies, mais sans la raser pourtant. Les Goths se montrèrent plus sévères, les Sarrasins enfin, ceux-ci du moins débarqués. La seconde colline, alors, fut définitivement abandonnée. Les habitants de Tarquinies se réfugièrent dans leur cimetière, sur la colline derrière laquelle ils se cachaient jusquelà, et Corneto, vers le sixième siècle, se fonda sur les ossements des ancêtres.

Ville du moyen âge, Corneto est encore telle à peu près qu'elle fut bâtie, sans que les temps aient changé beaucoup à ses aspects. Quelques monuments modernes, sans doute, rappellent la succession des siècles, dont l'un admirable, le palais Vitelleschi, que nous ver-

rons tout à l'heure. Le caractère de place guerrière reste intact, néanmoins, dans l'ensemble.
A la pointe occidentale, dominant la mer, la
plaine et la Marta, la citadelle de la comtesse
Mathilde signe la ville entière de ce féodal,
saint et héroïque nom. Sur le sol étrusque, la
médiévale Corneto se développa, au point
d'avoir abrité plus de trente mille habitants. Et
jusqu'au quinzième siècle elle resta libre de
toute sujétion. Boniface IX peut la réunir au
Saint-Siège ; elle demeure en fait indépendante,
avec un gouvernement communal qu'adminis-
trent un capitaine du peuple, un gonfalonier et
des consuls. Puis, sur elle comme sur tant
d'autres, le gouvernement papal fit son œuvre
d'appauvrissement et de déchéance. Aujour-
d'hui Corneto est devenue une cité de moyenne
grandeur, prospère par la campagne grasse
qui l'entoure, et à qui elle sert de marché.

Elle se présente au voyageur allongeant ses
murs sur la colline aux pentes ombragées, et
la route bordée d'arbres grimpe à travers des
champs d'oliviers sous lesquels ondulent les
blés verts. La porte franchie, la route continue
droite entre les maisons, mais le palais Vitelleschi, à gauche, vous arrête au premier pas.
Ce Vitelleschi était cardinal, mais dans le genre
d'Albornoz. En réalité condottiere, excellent

militaire, et qui, ayant pris Palestrina, en emporta des portes de marbre pour orner son palais de Corneto, alors, en 1436, en construction, ou plutôt en restauration. Deux styles très nets, en effet, se partagent sa beauté : le style gothique et le renaissant. Le gothique est trop rare en Italie pour ne pas nous charmer, à peine aperçu. L'effet de ce palais est des plus plaisants. La partie droite montre des fenêtres ajourées, dentelle de pierre en arc aigu, qui rappellent les plus pures fenêtres vénitiennes. La partie gauche, au contraire, inscrit des arcs surbaissés dans des ouvertures carrées, avec une porte très classique, et se surmonte d'une loggia florentine. A qui la palme ? Il faut toujours éviter de distribuer des prix, si le goût peut se prononcer en toute légitimité. Et moi qui, pour des raisons déjà dites tant de fois, ne puis accepter la formule gothique en Italie, je me sens porté, dans Corneto, à la préférer. Les fenêtres seules ici en sont tributaires, et les roses multiples serrées dans les arcs composent un décor ravissant. En plus de leur grâce personnelle, j'y retrouve ce que je cherche toujours avant tout, l'harmonie. Ce monument somptueux est celui qui convient à cette citadelle de Mathilde qu'était Corneto. Il forme l'aboutissant d'un âge inscrit sur ces remparts et dans la forteresse. Après s'être bien battu et après avoir conquis l'indépendance, on a voulu jouir de la vie, et la ville s'est fleurie à ses propres couleurs.

Si nous entrons dans le palais, la Renaissance y domine au contraire. Le cardinal a respecté la façade ancienne, s'il l'a doublée, sans la copier et sans la heurter cependant; mais pour l'intimité, il a suivi le goût de son époque et obéi à ses aises plus exigeantes. Admirable souplesse de l'art de la Renaissance ! Discrètement, à l'extérieur, il se juxtapose au gothique sans hurler à côté; et, triomphant dans la cour, il sait cependant admettre, s'assimiler au point de les faire siens, les arcs gothiques qu'il enjolive de marbres de couleur, et il surmonte deux étages en loggias d'une troisième loggia où un entablement droit et une corniche proclament l'art nouveau. La Renaissance, aussi, veut respirer, voir les récoltes dont elle n'a plus qu'à jouir puisque ses pères les ont conquises ; et la cour se prolonge en une terrasse d'où la mer se découvrait autrefois. Salles magnifiques, chapelle aux fresques giottesques, cheminées où brûleraient des arbres, plafonds à poutres apparentes, grand désert encore; mais déjà prêt à recevoir le musée de la ville.

Derrière le palais Vitelleschi se trouve la cathédrale, toute modernisée, hélas ! et dans laquelle pourraient briller des fresques de la Renaissance. Que nous fait qu'elles soient de 1450 ou de 1500, d'un élève de Masaccio ou d'Antonio da Viterbo, élève de Pinturrichio, puisqu'elles sont devenues, à la suite des travaux d'architecture, à peu près invisibles ? C'est ce qu'on appelle restaurer, ordinairement. Et délaissant ces tristesses, je vais vers la vieille forteresse de Mathilde, véritable ville poussée sur la cité, avec ses murs propres, ses bastions et ses casernements, son église enfin, l'un des plus purs bijoux romano-gothiques de l'Italie.

Cette citadelle qui occupe l'extrémité de la colline où siège Corneto, cette citadelle forme tout un petit monde où l'on pouvait vivre sans souci de la ville proche, les hommes d'armes retenus là prudemment, par respect intéressé envers le bourgeois, retenus autour du brigand en chef dont la tête répondait de leur sagesse momentanée. Une porte à bastions ouvre sur une large esplanade, et les murs se déploient tout autour, à pic sur les vallées. La première de celles-ci nous la connaissons, c'est celle qui descend vers la mer. La seconde est celle où coule la Marta, fraîche et tendre, encaissée entre d'autres collines et montant peu à peu

vers le lac de Bolsena dont la Marta est l'exu-
toire, vers les hauteurs de la forêt ciminienne
d'autrefois, où les récoltes ont remplacé les
chênes. A cette abondance près, ce paysage me
rappelle un peu la citadelle de Lucera, dans
laquelle Frédéric II abritait ses Sarrasins. La
vue est la même, dans son dessin si ce n'est
dans sa couleur, ici verdoyante, tandis que,
à Lucera, les cailloux des Pouilles luisent tout
blancs. La même fuite de remparts à tours
carrées, les mêmes abrupts rochers sur lesquels
les murs reposent, et, là-bas, la ville reliée à
l'enceinte du château, la ville au-dessus de laquelle pointent les tours de la commune. Les
Sarrasins de Frédéric vivaient isolés à Lucera,
avec toutes les facilités de l'existence, les jeux,
les bains et les femmes. La vie des soldats européens différait-elle beaucoup de celle-là? Il
n'y paraît guère à voir la citadelle de Corneto
où, pour n'être pas aussi accessibles ni offerts
selon un même mode peut-être, les divertisse-
ments nécessaires aux hommes devaient être
pris dans le même retranchement discret.

On ne voit plus de mosquée à Lucera. Le château de Corneto, lui, a conservé son église qui
commande l'esplanade de la petite forteresse.
Une haute tour, campanile-beffroi, domine
la façade toute simple, sans décor autre que la

porte aux chambranles incrustés de pierres multicolores. L'art des Cosmati, dont Rome nous a appris le charme et la caresse, cet art est venu jusqu'ici, dans cette campagne romaine où je vais en voir plus tard d'autres traces, par exemple à Toscanella. Il a chantourné ces colonnes, les a piquées de ses ors, de ses rouges, de ses verts, des mille débris tombés des parures monumentales de l'antiquité, et utilisés ainsi par les Cosmati, ingénieux ramasseurs de miettes. La Renaissance n'oubliera pas le procédé, et la chartreuse de Pavie le poussera à son excès. Ici, il est non pas timide, mais pur encore, modeste, à son plan, juste ce qu'il faut pour animer une façade un peu nue, pour inviter à entrer. Ne vais-je pas, d'ailleurs, le retrouver, cet art des Cosmati dont on voit à Cosmedin, à Rome, les chefs-d'œuvre, ne vais-je pas le retrouver à l'intérieur même de l'église, sur la chaire, sur l'ambon et sur la balustrade du chœur?

La chaire, principalement, peut lutter de pair avec ses sœurs romaines, et si le décor en est moins riche, moins fourni de sujets, elle jouit d'un galbe aussi pur que celle de Ravello et que celle de Salerne. Avec le baptistère, énorme masse de pierre toute basse et qui semble bien plutôt la margelle d'un puits,

ils composent tous deux le sourire charmant de
l'église tout entière, au gothique sévère, trois
nefs et trois absides où traîne encore manifeste un souvenir des antiques basiliques.
Devant ces absides, les arcs des nefs s'élancent
légers vers la voûte qui se courbe pesamment,
écrasant l'ogive qui résiste, puis triomphe enfin. Nous sommes au moment où le gothique
se libère du roman; la lutte est serrée; on per-
çoit néanmoins de quel côté sera la victoire,
tandis que l'autel au beau baldaquin de pierre
porté par quatre colonnes, au-dessus de ses
marches qui lui font piédestal, sourit de ses
marbres joyeux à la noble froideur de tout
l'édifice, à la riche puissance de cette église
militaire où, si les soldats s'y apaisent, ils
doivent néanmoins se garder en force et en
terreur.

J'ai quitté l'enceinte guerrière pour la ville
bourgeoise, courant à travers celle-ci, et
descendant enfin sous terre. Une petite place
m'a ému en passant, celle de l'antique muni-
cipe au bas duquel des échoppes sont installées
à l'ombre de trois hautes tours. A côté, une
église dont la façade gothique m'a fait chercher une clef que je regrette d'avoir trouvée
puisqu'elle ne m'a ouvert de porte que sur
une abomination baroque : tout de même, Vi-

telleschi, lorsqu'il modernisa son palais gothique, sut ne pas le déshonorer. Cette petite église San Pancrazio est gothique, voire romane en certaines parties; et l'intérieur modernisé en est méconnaissable. Il me reste à l'oublier, pour ne garder dans mon souvenir que l'ensemble si mélancolique du vieux palais misérable, sans autre fierté que ses tours, et de la petite église au joli campanile, tous deux si recuits, si noirs que l'on pourrait y gratter les siècles. Dans notre esprit s'accumulent les images qui embellissent la vie de leur souvenir mélancolique et cher; les murs respectés gardent la crasse du temps, et qui nous enchante.

Traversant alors une grande place où se presse un peuple bavard et flâneur, car c'est dimanche, j'ai gagné le musée étrusque puis les champs sous lesquels revivent les tombes. Le musée est riche à pléthore. Ses richesses sont entassées les unes sur les autres, débordant de partout, des vitrines comme des simples rayons où ils sont posés à la portée de toutes les mains, les unes sans valeur autre que leur ancienneté et leur provenance funéraire, les autres véritables petites merveilles de l'art grec exprimé par le génie étrusque — mais c'est le problème ! Un musée ne se décrit pas. Il se dénombre, et c'est l'affaire du catalogue. Je ne puis qu'en tirer la leçon générale. Le musée de Corneto m'a paru plus fertile encore que ceux de Volterra et de Chiusi. Bien distribué, à l'aise comme il le sera prochainement dans le palais Vitelleschi, il pourra rivaliser avec le musée de Pérouse, si ce n'est avec celui de Florence. J'y ai trouvé les mêmes leçons qu'à Volterra et à Chiusi, et la salle des sarcophages, lorsqu'elle sera trois fois plus grande, donnera à ceux-ci toute leur magnifique ampleur.

Ah ! combien j'étais heureux de trouver à Corneto la confirmation de mes rêves d'hier ! Je me rappelle encore mon assurance. Était-il possible que certains aient douté un instant des origines de ce peuple étrusque dont les produits artistiques accusaient si manifestement l'origine sacrée ? Et je rejetais les doutes des savants prudents. Le ton dédaigneux de Mommsen repoussant les attaches phéniciennes, la circonspection de Gaston Boissier et de M. Jules Martha, les affirmations de certains ethnographes mettant en avant une invasion aryenne descendue des Alpes — ou même la filiation, aussi séduisante que gratuite, des peuples de la magique Atlantide — la supposition que cet art grec aurait été adopté

par le peuple étrusque à la suite des apports
faits par les commerçants de races diverses
débarquées, et non fruit d'un génie naturel qui
n'aurait fait qu'y ajouter son réalisme, tout
cela me semblait importun et une fois encore
je célébrais le génie grec dans son expansion.

Je le célébrais, et voici que je viens de voir
les tombeaux qui m'ont plongé dans l'humiliation. Ah! si j'étais savant, combien, je le
sens, je me montrerais modeste dans mes con-
clusions! L'avantage de l'ignorance consiste, je
le vois, à pouvoir exprimer une opinion... Je
n'avais pas fait trois pas sous les champs de
Corneto, je ne m'étais pas promené pendant
cinq minutes avec les taupes, que tout ce que
je croyais vrai chavirait, et ce qui se dit des
Étrusques menait dans ma tête un tapage
assourdissant à ne savoir plus à qui entendre,
surtout pas à moi-même. Que j'aimais donc
mieux mon assurance! Le doute est importun. Et c'est en vain que je cherche, pour
retrouver ma sécurité, à l'étayer d'opinions
éclairées. Il n'est plus qu'un seul maître qui
me satisfasse, Stendhal, non seulement pour
son admirable parole : « Le vrai, c'est ce
qu'on aime à croire », mais encore pour ce
que Tarquinies lui inspira. Consul à Civita
Vecchia, Stendhal vint ici en 1833, dix ans

tout juste après les premières découvertes de
la nécropole. Il en écrit à ses amis de Paris :
« Les hommes peints ont trois pieds de haut.
On distingue l'expression des traits pendant
six mois, l'air ensuite gâte un peu. Cela semble
fait par un élève de Dominiquin, et cela a trois
mille ans au moins, peut-être trois mille cinq ».
Ce cinq est bien joli, d'une ironie de lettré
envers les savants qui charme ma confusion
d'aujourd'hui. Et je répète avec Stendhal, en
dernière défense : « Il me reste encore un peu
de logique, je ne regarde pas comme vrai ce
qui convient à mon système ». Un mois après,
Stendhal écrit encore : « La plupart des auteurs se sont attachés de préférence à écrire
sur la beauté des dessins des vases, leurs
sujets mythologiques, leur antiquité et leur
provenance. Vinrent-ils de Grèce en Étrurie ?
Sont-ils l'œuvre des Étrusques selon les principes grecs, apportés par Démarate de Corinthe,
l'an 94 de Rome, 660 ans avant J.-C. ? Combien cela est moins intéressant que l'étude de
la forme même de ces vases, de leur précision,
de leur justesse dans le contour et de la posi-
tion de leurs anses ! Les Étrusques, sous ce
rapport, ont surpassé et laissé bien en arrière
toutes les autres nations, tant antiques que
modernes ». — « Je fais des fouilles et j'ai des

vases noirs qui ont 2 700 ans, à ce qu'ils disent.
Je doute là comme ailleurs », écrit-il un an
plus tard à Sainte-Beuve. Au baron de Ma-
reste, en 1835, il raconte : « Je viens d'assis-
ter à la plus admirable découverte : un sarcophage quadrilatère, huit pieds de long, quatre
scènes d'un fait tragique à moi inconnu et
apparemment célèbre parmi les Étrusques, fort
bien sculptées sur les quatre faces. C'est le
plus bel échantillon de l'art étrusque. Cela est
contemporain d'Homère, peut-être antérieur,
et vaut deux mille louis ». Le 28 avril 1835,
il annonce à di Fiore : « J'ai découvert le
14 avril, à six cents pas de la ville, un Apollon
de dix-huit ans, mais pas de tête, pas de bras.
Un genou est sublime et me semble de l'antique ». Et enfin le 12 janvier 1840, il envoie
à son ami E. de Forgues deux pierres gravées
de Corneto avec ce commentaire : « Pline, ce
vantard, n'a pas parlé des tombeaux de Corneto. Cela ne montre-t-il pas qu'ils sont plus
anciens que lui? »

Vases, sarcophage, statue antique, pierres
gravées, c'est la synthèse même du musée de
Corneto formé au moyen des trésors trouvés
dans la nécropole vide aujourd'hui. Mais quelle
viduité ! Tous les systèmes tendant à expliquer
l'art étrusque se sont dispersés avec ces dé-

pouilles dans tous les musées du monde, le mien en même temps ; et ce qu'on n'a pu enlever de ces tombeaux, ce qui y est resté, ce que j'ai vu me font douter, comme Stendhal, de tout ce que j'ai appris. Comme lui, gardons quelque logique, et si l'impression que j'ai subie referme la fenêtre que je croyais ouverte et dont j'escomptais la lumière aveuglante, hâtons-nous de ne pas donner raison à la malice de Stendhal, lorsqu'il accuse les hommes de tenir pour vrai ce qu'ils aiment à croire.

Procédons par ordre, cependant, le cri de détresse étant jeté, la confession faite ; peut-être nous remettrons-nous un peu... Mon guide et moi, nous sommes sortis par la porte de la ville et nous suivons la route de Viterbe, route en terrasse au-dessus de la plaine maritime. A droite les pentes de la colline, à gauche les champs qui regardent, par-dessus la large gorge, la seconde colline où se dressait autrefois Tarquinies. Nous entrons bientôt dans ces champs, foulons les blés jeunes parmi lesquels des sortes de tumuli arrondissent leurs cônes de pierres, semblables à des fontaines dans les prés, ou encore à ces regards d'aqueducs modernes que l'on voit çà et là dans les campagnes. Le guide ouvre la porte, descend une dizaine de marches, allume ses chandelles et m'invite à le rejoindre. Je descends et voici une petite chapelle qui s'arrondit devant moi, voici le tombeau où il y a bientôt cent ans on réveilla des morts de trois mille ans. Sur les vingt-quatre tombes, aujourd'hui découvertes, de Corneto, j'en ai vu une douzaine. Les unes composées d'une seule chambre, les autres de deux ou de trois, les unes petites, les autres grandes, l'une même si grande qu'une colonne, au centre, en soutient la voûte, l'autre étrange dans sa forme qui dessine un Z, celle-ci composée de quatre pièces, celle-là avec un réduit en forme d'alcôve, mais toutes couvertes de fresques, de ces fresques qui ont permis de reconstituer les mœurs étrusques, de connaître quelque chose enfin de ce peuple mystérieux dont Rome, dans son orgueil, s'acharna à faire disparaître toute trace.

Elle ne songea pas à détruire les peintures, et les voici qui reparaissent pour témoigner de ce que Rome doit à leurs peintres. Ce qu'elles représentent en effet, ces peintures, c'est la vie même de ce peuple inconnu. Nous l'y voyons à table, au lit, à la chasse, au cirque, aux champs, au concert et partout. Nous le voyons dans toutes les fonctions de la vie, avec les objets usuels de ses mœurs, ses paru-

res, ses vêtements, célébrant ses rites religieux
et civiques, bref nous le voyons dans tout son
développement intime et social. Et ce dévelop-
pement-là accuse Rome de plagiat! On sait combien de formes du culte Rome emprunta aux
Étrusques; elle lui emprunta un roi aussi, Tarquin qui était d'ici. Elle lui emprunta ses jeux
publics, ses cirques, ses gladiateurs, ses funé-
railles, ses repas funéraires, ses dieux domes-
tiques : les lares, les pénates grecs apportés par
Énée, les augures encore, et tant d'autres coutumes, sans doute, sur lesquelles elle fit le
silence. Dans ces peintures ne retrouvons-
nous pas aussi jusqu'au costume romain, celui
que détrôna la mode grecque, la draperie large
entourant le corps et le haut bonnet que les
femmes fixaient sur leurs cheveux par des ru-
bans? Le pileus est étrusque. Bref, il n'est peut-
être pas un geste de ces personnages que l'on
ne puisse prêter à un Romain, si celui-ci, bien
entendu, ne dut qu'à son propre cœur le courage civique, la vertu guerrière et, jusqu'à
l'Empire du moins, la sévérité des mœurs.
Mais les Étrusques furent corrompus comme
le furent les Grecs d'Akragas et de Syracuse,
ceux d'Athènes sous la conquête romaine, ceux
de Byzance et tous les peuples qui vont disparaître. Les Étrusques furent absorbés par un

peuple jeune et sévère qu'ils firent leur héritier, à qui ils transmirent leurs mœurs, ainsi
que Rome plus tard adoptera les usages grecs,
avec d'autant plus de joie que, n'est-ce pas?
ils lui rappelleront leurs ancêtres étrusques,
fils comme eux de l'Asie méditerranéenne.

Tout est là, dans cette question de savoir si
les Étrusques vinrent d'Asie. Je pourrais légitimement me récuser puisqu'il n'y a qu'hypothèses. On ne sait rien que par des déductions
toutes contradictoires, et aussi plausibles les
unes que les autres. Mais puisque ma témé-
rité, dès Volterra, m'a entraîné dans la con-
troverse, il faut bien que j'en sorte au lieu de
m'y abîmer comme Curtius au marais du Forum. Et donc, trois conjectures principales ont
été exprimées : les Étrusques sont issus de
colons partis des côtes de la Lydie et débarqués sur la côte italique qui prit le nom de
leur chef Tyrrhénus; c'est l'opinion d'Hérodote. La seconde leur donne pour pères des
marins phéniciens, les grands colonisateurs de
la Méditerranée. La troisième enfin les fait descendre des Alpes, et les dit l'un des rameaux de
la grande immigration arienne qui ne s'arrêta
que parce que terre manqua. La conjecture de
l'Atlantide manque par trop de fondements
pour être comptée.

La première opinion revendique en sa faveur toute la tradition et toutes les légendes, Ulysse, Circé, Énée, Cumes, Hérodote aussi, et qui n'est pas négligeable, et, enfin, toute la colonisation grecque de la Sicile et de l'Italie méridionale. Mais alors, et l'objection est forte, pourquoi cette langue, indéchiffrable hier encore ? Comment supposer que les Étrusques aient tout apporté de Grèce, sauf leur langage ?

La seconde présente l'avantage d'être la plus simple et la plus naturellement admissible. Mais alors, si les Étrusques étaient Phéniciens, comment expliquer qu'il se montrassent si peu marins, fuyant les rivages pour les montagnes, Volterra, Tarquinies et Cœre, d'où l'on voit la mer, restant des exceptions dans leurs établissements ? Mommsen, cependant, admet que Cœre peut être phénicienne. Pourquoi donc, dès lors, Volterra et Corneto qui occupent la même situation géographique, ne le seraient-elles pas aussi ?

La troisième enfin ne se recommandait jusqu'ici que de Denys d'Halicarnasse, et aussi de la logique de l'émigration aryenne, lorsque la découverte de M. Jules Martha est venue la renforcer. Si, en effet, la langue étrusque est un dialecte semblable au hongrois et au finois, c'est Denys d'Halicarnasse, qui donne aux

Etrusques pour chemin les Alpes rhétiques,
qui a raison.

Cela posé, à quelle hypothèse répondent le
mieux les peintures que je viens de voir ?
Selon les savants, à la première, à l'hypothèse
lydienne. C'est à celle-ci, en effet, que répondent sans aucun doute possible, et c'est ma
conclusion d'hier encore, d'après Volterra et
Chiusi, que répondent les vases et les sarcophages. Les peintures sont grecques aussi, disent
les compétents. Qu'est-ce que cela signifie ?
Rien d'autre si ce n'est qu'elles jouissent de
caractères communs avec les vases et les
sculptures, rien d'autre puisque nous ne possédons absolument aucune peinture grecque
de Grèce. Cette peinture à fresque ressemble
à la « peinture cuite », dit-on, donc elle possède la même origine. Mais, répondent les
partisans d'une immigration arienne par terre,
ne se pourrait-il pas que ces vases aient été importés par mer en Étrurie ? Sans doute. Tout
de même, qu'ils aient été accueillis avec tant
d'empressement, adoptés avec tant de facilités, et que des artisans locaux se soient si facilement pliés à leur style, bien plus l que
l'Étrurie ait fait siens tous les mythes grecs,
cela dénote un peu plus qu'une invasion com-
merciale. Les Étrusques possédaient une pré-

disposition grecque que l'origine commune arienne ne suffit pas à expliquer. Et l'hypothèse lydienne, renforcée de toutes les légendes, ne se heurte plus qu'au problème du langage — lequel, découvert enfin, donne raison aux partisans de l'immigration et de la pénétration industrielle. C'est le grand débat entre la race et la civilisation qui s'engage, et que la lecture, promise par M. Jules Martha, de toutes les inscriptions étrusques clora peut-être bientôt.

Pour moi, ce serait, après avoir vu les peintures de Corneto, à l'hypothèse phénicienne que je me rallierais. Ah ! pourquoi ? Il est bien difficile de légitimer un sentiment, Montaigne nous le dit. Mais je ne puis, tout en ne me dissimulant rien de mon incompétence, je ne puis, en dépit de tous les recours à mes souvenirs de lecture, je ne puis renier mon premier cri au sortir des tombeaux : c'est égyptien !

Je l'avoue donc enfin. Grecque, cette peinture, sans doute, par la souplesse dans le dessin, par la fantaisie, par certains sujets, par sa philosophie même. Mais ne sont-ce pas là qualités qui peuvent être acquises, venues avec les vases importés, simple apport de civilisation ? Tandis qu'il m'a semblé que ce qui ne s'apprend pas, le fond même de cet art, je veux dire le goût, l'allure générale des personnages, les gestes plus souples mais pareils dans leur déclanchement, tout ce qui ne peut être le fruit de l'éducation mais l'est de l'atavisme, tout cela vient à mes yeux d'Égypte.

L'architecture des tombeaux en tumuli ou creusés à flanc de rocher, leur division en chambres et jusqu'à la qualité et la disposition des objets enfouis, qu'est-ce donc si ce n'est l'architecture et les mœurs de l'Égypte elle-même? Et cela encore tient de la race, non pas de l'éducation. Peut-être me trompé-je? C'est probable, si ce n'est certain. Et, pourtant... J'ai beau relire les livres de science, je ne trouve contre mon opinion que des affirmations, aucune preuve. Comme Stendhal, je me raccroche désespérément à la logique. Et l'hypothèse phénicienne devient mienne. Les Étrusques, d'origine phénicienne, auraient reçu de leurs pères un art pictural que ceux-ci auraient pris à leurs voisins, qu'ils se seraient assimilé et qu'ils auraient fait leur pendant des siècles de pénétration réciproque. Qui nous dit, d'ailleurs, que la peinture grecque ait été celle-là? On n'en sait rien, tandis que je sais bien que ces tombeaux m'ont donné la sensation des fresques des Pharaons. Je ne puis voir, en tout cas, aucune analogie

que par les qualités superficielles, greffées
pour ainsi dire, entre les reliefs des tombeaux
et leurs peintures. On apprendrait, un jour,
que des Grecs, comme le coucou, vinrent
s'installer sur des terres déjà colonisées par les
Égyptiens, et placèrent leurs sculptures parmi
les peintures de leurs prédécesseurs, que je le
trouverais naturel. La peinture et la sculpture étrusque ne se peuvent confondre. Elles
ne se pénètrent pas. Et je trouve dès lors très
admissible la conjecture phénicienne, tandis
que Hérodote serait justifié par une émigration lidyenne apportant ses méthodes dans
un pays qui les reçut sans jamais renoncer à
ses mœurs, à ses rites. Et lorsque M. Jules
Martha aura prouvé l'émigration continentale
des Étrusques, Hérodote et Denys d'Halicarnasse seront presque d'accord. Plausibles pa-
raîtront nos témérités.

Ainsi je m'amuse en attendant le train qui
va, ce soir, me ramener à Rome où, dès demain matin, je courrai au musée étrusque
du Vatican pour y chercher, selon la déplo-
rable méthode de Taine, la confirmation de
mes rêves. C'est le grand charme des voyages
que ces folies de l'imagination. On adopte,
sur une impression vive, un système auquel
on ne tient guère, où l'on se complaît d'au-

tant plus qu'on est prêt à l'abandonner, et qu'on le quitte, en effet, bientôt, sans rougir d'une légèreté qui n'était qu'un amusement. Quelle complaisance mettent à me faciliter le jeu, et c'est mon excuse, l'art étrusque, le peuple étrusque lui-même, peuple inconnu, où tout est mystère, conjectures, possibilités et fantaisie! Cette fenêtre sur l'art étrusque que j'avais crue si facilement ouverte, la voici qui se referme brutalement devant moi. Bénie soit cette violence qui va me permettre l'innocent plaisir, sans risquer d'être pris en pitié, puisque les plus sages n'en savent guère plus que moi, et partagent, avec cette seule différence qu'ils ne l'avouent pas, ma complète ignorance, l'innocent plaisir de divaguer éperdument une fois de plus! Le train siffle, la gare s'agite. Dans une heure, je lèverai mon verre en papier à l'immortel Peut-Être, seule sagesse des hommes.

VII

AUX BOUCHES DU TIBRE

Ostie.

Sous la porte saint Paul, laissant à droite la pyramide de Sextius ombragée de parasols et serrée contre l'enceinte crénelée dont elle semble un bastion, la route passe et offre aux pneumatiques une généreuse poussière à soulever. Les hauts platanes du trottoir en recueillent le vol ; et le vent, la reprenant, la jette sur nos épaules et sur les toits des masures. Jusqu'à Saint Paul, nous voguons, comme les dieux, sur des nuages. Au delà, le roulage étant moins intense, on respire ; ou, du moins, il semble que l'on va respirer mieux. L'air est pur, le soleil sans aplomb et la verdure tendre ; l'automobile marche à une allure modérée. Et cependant on reste comme gêné, si ce n'est suffoqué. Si, à gauche, le rocher aux maigres herbes domine toujours, à droite de grands prés s'étendent, jusqu'au Tibre que l'on devine, et que l'on rejoint bientôt pour le quitter encore. Et de ces prés, de ces eaux, monte une sorte d'angoisse. La campagne romaine rend la mort familière. La Voie Appienne est un cimetière. La Nomentane frôle le Mont Sacré. La Flaminienne se couvre de bataillons, route des envahisseurs de Rome à tous les âges, route de tous les voyageurs, Rabelais, Montaigne, Goethe, Brosses, Stendhal. Sur la voie ostienne, personne. Aucun autre souvenir antique que le sarcophage considérable d'un certain Coranus qui, après avoir exercé de lointains commandements, dit l'inscription, revint mourir dans sa villa tibérine, et qu'un pont magnifique en hauts et puissants blocs de tuf, sur lequel passe la route moderne qui suit l'itinéraire antique. Hors cela, il n'est rien resté, en cette partie de la campagne, qui nous rappelle quelques formes de vie. La fièvre a chassé les hommes, victorieuse. Et ce que furent ces champs lorsque le père Enée y posa le pied, ils le sont redevenus. De l'immense effort accompli par la république et les empereurs, la malaria a triomphé. L'homme est parti, ne laissant de son passage qu'un sillon, le chemin où nous roulons. Le fabuleux Ancus colonisa, dit-on, ce bas Tibre et ouvrit le port d'Ostie. Œuvre considérable, nous allons en juger. La nature a repris ses droits. Elle nous montre des aspects semblables à ceux qui n'effrayèrent pas le sage tyran. Et c'est un saut que nous faisons par-dessus toute l'abondante histoire de Rome, dont nous sommes chaque jour submergés, pour tomber au néant des fables, des pays vierges, des terres en friche où la charrue n'a pas encore passé, où l'homme n'a pas encore marché. De cadavres, ici il n'y a point. Ne montent du sol, grâce à ce retour vers les temps sans témoignages autres que poétiques, que des fantômes inconsistants et puérils. La mort est morte elle-même, pour ne nous laisser à ratiociner que des rêves lyriques.

En vain veulent survivre les haies qui limitent la route, et qui, de temps en temps, ferment une osteria rongée par les brouillards. La plaine est trop basse, aux herbes trop longues. Le ciel, que portent si aisément les plus modestes collines, tombe las d'être tendu sans soutiens. Il nous encapuchonne, nous écrase, affaissé. Le Tibre lui-même se cache derrière les roseaux, comme honteux de son désert, ou rassasié des pompes romaines auxquelles il vient de participer. La route, pourtant, a des aspérités. Elle plonge de temps en temps vers quelque ruisseau, qu'elle franchit, pour remonler aussitôt. Nous croisons des charrettes, nous mettons en fuite quelques bovidés. Enfin, sur la gauche, apparaissent les pins de Castel Porziano et de Castel Fusano, ancienne villa impériale, où le roi d'aujourd'hui aime à passer le printemps parmi les bois de l'antique Laurente, non loin de Tor Paterno où l'on trouverait peut-être les ruines de la villa où Pline-le-Jeune savait si subtilement jouir de la vie. La nouvelle monarchie rendra-t-elle à ces bords la prospérité que fonda le roi Ancus, si toutefois Ancus exista ? Elle s'intéresse, en tout cas, à ce berceau de Rome commerçante et industrieuse. Les fouilles d'Ostie n'ont pas de fidèle plus passionné que Victor Emmanuel III. Et si, un jour, Ostie doit retrouver la gloire du fabuleux Ancus, de César, de Claude et de Trajan, c'est à cette passion royale qu'elle le devra. Rome peut, grâce à Ostie, redevenir port de mer. Sous la République, le rôle d'Ostie était surtout militaire, important au cours des guerres puniques. Scipion en partit, avec trente vaisseaux, pour l'Espagne. Claude et Trajan, enfin, creusèrent leurs ports mémorables pour subvenir à la nourriture du peuple romain. Relâchant à Pouzzoles, les navires chargés du blé destiné au peuple, déversaient ici leur cargaison qui s'entassait dans le grenier où Rome puisait. Demain ne reverra pas, certainement, l'immorale annone ; il peut revoir, du moins, les docks et les villas. Le Tibre désensablé, rajeuni, portera peut-être un jour jusqu'au pied des collines romaines la subsistance de la capitale nouvelle, comme elle l'y portait autrefois ; et tout l'effort de l'avenir aboutira à ressusciter le passé. Sera-ce seulement sur la rive gauche où s'étendait la ville proprement dite, ou sur la rive droite où s'ouvrait le port de Claude, que se produira la renaissance ostienne ? Le chemin de fer et un petit port en travail sont à droite, tandis que, à gauche, tout un musée attend les archéologues sous la poussière des siècles. Souhaitons que Fiumicino et Porto prospèrent, laissant aux artistes la riche Ostie, la ville de luxe et de civilisation.

Sous la République et jusqu'à Claude, le Tibre se jetait dans la mer par une seule bouche, au pied d'Ostie, en amont même de la tour Bovacciana aujourd'hui à quatre kilomètres de la mer. Les sables ayant gagné sur celle-ci, Claude fit construire un port plus au nord, et creusa un second bras pour le fleuve qu'il rapprochait ainsi de ce nouveau port. Trajan ne fit que poursuivre et développer le programme de Claude. Une île, résultat de ces travaux, barra le cours du Tibre qui se sépare depuis lors en deux tronçons. De telle sorte que Ostie se trouva nettement divisée en deux villes : sur la rive gauche la ville proprement dite, sur la rive droite le port, les ports et leurs magasins.

C'est vers ces derniers que je demande à notre guide de me conduire tout d'abord. Depuis un instant que ce compagnon s'efforce de me faire comprendre l'œuvre de la république et des empereurs à Ostie, je sens impérieusement la nécessité d'examiner avec soin la configuration des lieux. Ce Tibre a tellement changé de forme, doublant sa bouche et prolongeant son cours, qu'il est impossible de rien saisir si l'on ne prend pas, tout d'abord, conscience de ces bouleversements, si on n'en établit pas pour soi-même une petite topographie. Que peuvent dire ces ruines sèches, perdues dans un paysage qui n'est pas le leur, si l'on ne fait pas l'effort de les remettre en place ? Seule une course rapide à travers les terres nouvelles, un examen superficiel mais attentif des restes, des lignes que dessinent encore, sous les buissons, les vieux môles et les vieilles digues, peuvent donner d'Ostie l'idée évocatrice sans laquelle toute visite de ruine est bien vaine. Je craignais un peu cette vision de

désert sans passé. Entraîné par l'ardeur, paternelle je puis dire, de mon guide, je suis parti ;
et la promenade que nous fîmes, M. Jérôme
Carcopino et moi, à travers l'Ile sacrée, sur la
plage de Fiumicino, autour du port de Trajan
et jusqu'au port de Claude, a ouvert sous mes
yeux le livre ostien dont je n'aurais jamais
vu, me limitant à Ostie, que le frontispice.

Depuis plusieurs années, M. Jérôme Carcopino, ancien élève de l'École française de
Rome, scrute inlassablement le sol d'Ostie et
de Porto. Il sonde, photographie, examine,
contrôle les auteurs, accomplit, enfin, une œuvre d'historien, auquel les ressources de la géographie et de l'archéologie ne manquent point.
De ses efforts résulte une œuvre, que je n'a-
vais pas lue, puisqu'elle n'avait pas encore été
publiée au moment de ma visite, mais qui
s'élaborait longuement, patiemment, afin d'é-
lever, à la gloire d'Ostie, et de l'École française de Rome, un monument durable. Les
pages si claires, si judicieuses, mais succinctes,
de Gaston Boissier, ne pouvaient suffire à nos
jours plus amis des détails et des précisions.
Ostie méritait mieux. Chacun pourra avec
l'*Ostie* de Jérôme Carcopino, se renseigner
selon ses goûts. L'auteur, pour moi, a remplacé le livre, auteur d'une patience inlas-

sable à édifier l'ignorant. J'eus cette excuse d'abuser de lui, qu'il ne pouvait me renvoyer à son œuvre. Il n'épargna point ses jambes, il n'épargna pas les nôtres, et nous l'en remercierons.

D'un pied léger, nous voilà donc, laissant là nos autres compagnons, et avant de visiter les ruines avec eux, nous voilà donc partis pour Torre Bovacciana, vigie qui se dresse au bord du Tibre en aval de la ville, et qui, au xv⁰ siècle, commandait à l'embouchure du fleuve. Chemin faisant, nous longeons des ruines, les unes enfouies sous les terres, les autres enfoncées sous les eaux. Et mon compagnon divertit notre chemin à travers les herbes et les pierres, en me racontant ses « trempettes » dans le fleuve afin d'examiner quelques bases d'édifices. A Torre Bovacciana nous hélons le passeur, qui bientôt nous transporte dans l'Ile sacrée. Le bras du Tibre que nous venons de traverser, c'est le lit antique, le seul existant avant Claude et Trajan. L'Ile sacrée était autrefois la rive droite du fleuve, ou plutôt de cette île n'existait qu'un tronçon puisqu'elle fut formée peu à peu par les alluvions. Et tandis que nous roulons sur cette terre neuve pour rejoindre le prolongement du bras creusé par Claude et par Trajan, et le passer à Fiumicino, tandis que nous roulons sur la grande plaine nue où paissent en liberté les troupeaux de bœufs, je supprime en pensée ces champs nouveaux et j'essaie de rétablir l'antique configuration. Là où je suis, la mer passait. Au sud, le Tibre unique et les quais d'Ostie. Au nord, là où Fiumicino prospère, la mer, comme à Ostie. A l'est, enfin, dans les terres, l'emplacement des ports de Claude et de Trajan. Arrivés à Fiumicino, petit village marin à l'embouchure du bras de Trajan prolongé par la nature et conservé navigable par les hommes, nous piquons enfin vers l'est, vers les champs sous lesquels dort l'œuvre des empereurs, vers Porto qui fut ce que dit son nom, et qui n'est plus qu'une « tenuta », un domaine agricole.

Et mon guide de me dire, si je l'ai bien compris toutefois :

— Ce que nous venons de voir, depuis Torre Bovacciana jusqu'à Porto, n'existe pas. Soyez bien pénétré de cela, si vous voulez voir quelque chose…

Ma bonne volonté avec les savants est extrême. Je ne puis cependant m'empêcher de m'écrier : Quel dommage ! Car ce que je vois et qui n'existe pas, est admirable à regarder. Et, ayant appelé à moi la mer lointaine, l'ayant généreusement répandue sur ce sol verdoyant, ayant rétabli son rivage au niveau, à peu près, du point où le Tibre se sépare et forme l'Ile sacrée, je m'empresse d'appeler à son tour le monstre que Théramène a si bien décrit, afin de faire reculer les flots épouvantés. Ils reculent, et voici Porto avec l'évêché au bord du fleuve, la villa, enfouie sous les arbres, du prince Torlonia, la ferme, sa vieille porte romaine, et enfin, et surtout, le miracle du lac.

Celui-ci existait, à peu près du moins, et c'était le port de Trajan lui-même, au bord du fleuve qui venait frôler les quais sur lesquels maintenant jaunissent les moissons, et s'enracinent les majestueux parasols. Il est tendre et mélancolique à l'extrême, ce lac de Porto. Ses bords sont relevés en talus qui cachent les magasins d'autrefois comblés par les sables du fleuve et l'expansion des germes. Il a forme de coupe ; les roseaux frémissent au-dessus de sa nappe moirée ; les buissons d'églantiers, poussés dans les pierres invisibles, se mirent dans ses eaux ; et là-bas une tache blanche de marbre, en îlot, n'est plus qu'un vieux socle de statue, tandis que, à l'horizon, une ligne de parasols remplace les murs écroulés de la ville. Et je demande :

— N'a-t-on jamais fouillé ici ? A-t-on dragué ce lac ? A-t-on éventré ces berges ? Les bœufs, qui nous regardent d'une façon inquiétante, ne vont-ils pas, tout à l'heure, lorsqu'ils gratteront, en meuglant, la terre, avant de foncer sur nous, ne vont-ils pas heurter, de leurs sabots, quelque Proserpine ou quelque Neptune ?

— Faites plutôt attention à ce cheval ! me répond mon précautionneux compagnon.

Et il me raconte que le prince Torlonia, le fils du duc de Bracciano de Stendhal, a exploré, il y a une cinquantaine d'années, les ruines de Porto. Non pas tant autour du lac qu'au nord de celui-ci, c'est-à-dire entre le port de Claude et celui de Trajan, là où se trouvait un ensemble de constructions assez vaste et assez riche en œuvres d'art pour qu'on les crût, pendant quelque temps du moins, et bien qu'aucun texte n'en confirme l'existence, un palais impérial. La collection d'antiques du palais Torlonia, à Rome, et qui est fermée rigoureusement à tout visiteur, provient de ces plaines. Nous grimpons maintenant sur ces ruines mêmes, complètement disparues, envahies de terre et d'herbes. Des manœuvres sont venus ici, ont pioché, et ont rejeté la terre dans les trous qu'ils venaient de creuser, les marbres enlevés. Du plus haut point des champs sous lesquels repose le soi-disant palais de Trajan, j'aperçois plus nettement le dessin du port. Les magasins arrondis se profilent très nettement en herbes autour du lac, et là-bas, au sud, se devine encore le cours du fleuve :

. — Regardez au nord !

Je me retourne et, au-delà du chemin de fer, la grande plaine fiévreuse, presque inculte, s'étend à perte de vue. Ce pâturage maigre, c'est le port de Claude. Peu à peu, à la voix de M. Carcopino, les verdures disparaissent et les repères se dressent sous mes yeux rendus plus attentifs. Voici, en effet, çà et là, des proéminences qui semblent mouvements de nature, au premier coup d'œil, et qui, à les regarder au bout du doigt de qui les connaît, prennent figure presque vivante. Si séparés qu'ils soient par des affaissements du sol, on les relie sans peine en effet. Ils se tendent la main les uns aux autres, et forment ainsi un dessin très net de bassins, de môles, et bientôt s'allongent devant moi les grands bras protecteurs des tempêtes, les digues dont la mer n'eut pas raison, mais seulement les sables et la vie.

— Vous connaissez, me demande à ce moment mon savant guide, le *Journal de Voyage* de Montaigne ?

— Cette œuvre a failli me brouiller avec l'auteur des *Essais*. Que de puérilités pour quelques remarques pénétrantes ! Que de « bénéfices de ventre » pour une vision un peu vive ! Le bonhomme...

— Le bonhomme, interrompit mon guide, le bonhomme savait voir. C'est quelque chose. Il part, un beau matin, avec M. de Montluc, petit-fils du maréchal, pour visiter Ostie. Et il raconte ainsi sa *gita* :

« Au bout d'environ huit milles, venant à rejoindre le Tibre, nous descendîmes en une grande plaine de prairies et pâcages, au bout de laquelle était assise une grande ville (c'est Porto), de quoi il se voit là plusieurs belles et grandes ruines qui abordent au lac de Trajan, et qui est un regorgement de la Mer Tyrrhène, dans lequel se venaient rendre les navires ; mais la mer n'y donne plus que bien peu, et encore moins à un autre lac qui est un peu au-dessus du lieu qu'on nommait lac de Claudius (c'est le port de Claude)... ».

— Vous avez bonne mémoire. Moi aussi. Et Montaigne s'interrompt pour nous raconter qu'il fit des coquetteries au cardinal de

Pérouse et refusa de dîner avec lui. Qu'est-ce que ça peut bien nous faire ?

— Qu'importe, si le tableau est juste ! Et il l'est. Continuons :

« Nous passâmes en bateau un petit rameau du Tibre, et entrâmes en l'Ile Sacrée, grande d'environ une grande lieue de Gascogne, pleine de pâcages. Il y a quelques ruines et colonnes de marbre, comme il y en a plusieurs en ce lieu de Porto, où était cette vieille ville de Trajan ; et en fait le pape désenterrer tous les jours et porter à Rome. Quand nous eûmes traversé cette île, nous rencontrâmes le Tibre à passer... ».

— C'est tout ? Je vous attendais là ! Rien sur Ostie qu'une histoire de taverne.

— J'espère que, ce soir, vous compléterez Montaigne...

— Ce sera la seule raison qui me fera lui pardonner !

Un dernier souci me tient cependant. Je vois le port de Claude, je vois celui de Trajan ; mais comment le premier rejoignait-il le Tibre ? Et mon guide, inépuisable, m'a montré alors le canal qui partait du port de Claude pour gagner le fleuve, du nord au sud. Ce canal est encore visible aujourd'hui ; il venait rejoindre le fleuve à peu près au point où Tra-

jan poursuivit le tracé du nouveau bras du
Tibre, dit de Fiumicino. L'œuvre de Trajan ne
consista donc qu'à creuser un second bassin
le long de ce canal, et à prolonger le bras
nouveau du fleuve pour rejoindre la mer peu
à peu repoussée. Et le paysage ostien se reconstruit ainsi : la mer tire une ligne droite en
amont de la ligne actuelle, au niveau des ruines d'Ostie et de Porto ; le Tibre coule le long
des murs de la ville que baigne la mer ; Ostie,
bientôt trop petite aussi, et ses abords mari-
times s'ensablent ; Claude, sur la rive droite du
fleuve et assez loin de lui, creuse un port qu'il
réunit au Tibre par un canal ; entre le port
de Claude et le fleuve, Trajan enfin creuse
un nouveau bassin, qui dégorge dans le lit du
Tibre par une seconde bouche formant les
commencements de l'Ile sacrée. Et Ostie, déjà
mise en péril par le port de Claude situé à
quelques kilomètres d'elle, et qui venait rejoindre le Tibre en amont de la ville, Ostie, par
le second port, est découronnée tout à fait.

La grandeur d'Ostie remonte donc à la République et aux premiers empereurs — aux
plus beaux temps de Rome. Mais, ainsi que
me l'explique mon compagnon, tandis que nous
retraversons l'Ile sacrée et repassons le fleuve,
pour rejoindre nos amis laissés dans les ruines

d'Ostie, la ville républicaine ne fut pas diminuée par cette extension. Elle restait toujours le centre des affaires ; et c'est elle qu'on habitait, si l'on travaillait autour de Porto. La faveur des empereurs continua à la combler — en même temps que le sable le lit de son fleuve. On y voyait un Capitole, des temples de Vénus, de la Fortune, de Cérès, de Vulcain, de Cybèle, un marché, un forum aux vins, des arcs de triomphe, un Forum entouré de portiques et peuplé de statues, un théâtre construit par Auguste et restauré par Septime Sévère, des Thermes que Constance réédifia, de même que Hadrien, dit-on, avait rebâti le temple de Vulcain, bien que cette attribution soit encore contestée. Aurélien et Tacite y élevèrent des palais. Quant aux villas, il faut en demander à Pline le souvenir. La plaine aride que l'on découvre du haut du temple de Vulcain était couverte par les maisons des marchands et des riches Romains. Sous les herbes sèches et échevelées, parmi les champs d'asphodèles, quels trésors dorment encore ?

Ils sont nombreux sans doute, bien que, à l'égal de Rome, Ostie ait été outrageusement dévalisée. Nous en avons de multiples témoignages dans les annales. Les musées de Rome, et même d'Europe, celui d'Ostie aussi installé

dans la rocca, comptent des pièces remarqua-
bles prises aux ruines d'Ostie, la base d'autel,
entre autres, que l'on voit aux Thermes, et
l'admirable sarcophage du musée d'Ostie, représentant la mort de Méléagre. En 1427,
Cosme de Médicis assista au pillage du temple
de Vulcain dont les marbres furent jetés au
four pour en faire de la chaux. Pie II, dans
ses *Commentaires,* nous dit que les colonnes
de ce sanctuaire furent emportées pour déco-
rer Saint Pierre, la basilique vaticane. Au
xviie siècle, on ramasse toujours des statues
dans le champ ostien. Sous Pie VII seulement,
le pillage s'arrête et les fouilles commencent,
méthodiques, sous la direction de Petrini.
Pie IX les continue, et la rocca construite par
Jules II porte les armes de Pie IX en souvenir
des efforts de celui-ci, repris par le gouvernement royal et activés, depuis quelques années,
par les soins empressés de M. Vaglieri.

Voilà, en bref, l'histoire des ruines d'Ostie.
Que de mystères encore, ne fût-ce que celui
de cette ruine! Ici vivaient quatre-vingt mille
hommes, peuple, commerçants et bourgeois
qu'attiraient le profit et l'agrément. Le co-
losse romain s'approvisionnait par Ostie où
s'entassaient tous les peuples. Que l'on songe
à ce que suppose d'exotisme l'arrivée des vais-

seaux d'Égypte et d'Asie dans la rade où l'on déchargeait annuellement pour plus de vingt millions de francs de blé, les vins de l'Espagne, les huiles de l'Afrique, les marbres de la Grèce, de la Phrygie, de la Thessalie, et ces obélisques que les empereurs arrachaient aux sables du Nil. Les curieux et les laborieux guettaient au débarqué les « Parthes, Libyens et autres monstres de la mer ». Pouzzoles, sans doute, en arrêtait quelques-uns au passage. Ostie n'en avait pas moins supplanté celle-ci ; elle était devenue le grand centre du commerce maritime de Rome. A ceux qui ne se satisfont pas, comme Pline, du seul calme des plages, Ostie offre villégiature et distraction. Et l'on peut, sur les quais, recevoir les nouvelles du monde entier, admirer les costumes de tous les peuples, rencontrer toutes les fortunes, voire les bonnes. Tandis que, sur la rive droite, les portefaix peinent sous les charges, sur la gauche, dans Ostie, les matelots se répandent parmi la foule curieuse, lui apportant l'inconnu, l'amusant des cultes comme des mœurs, dans un perpétuel renouvellement des sensations et des visions. De Vulcain on passait à Mithra, de Cybèle aux Thermes, pour se retrouver tous au théâtre et au Forum. Si l'on veut comprendre ce que fut Ostie, le vieux port de la République avec sa ville animée et joyeuse, puis le nouveau port impérial réservé plus spéciale- ment au trafic, il faut songer à la Marseille d'aujourd'hui toujours grouillante et riche au- tour du Vieux Port peu à peu déserté, et dont la vie maritime s'est portée, là-bas, à la Joliette immense et débordante de travail. Comme Marseille est restée prospère loin de sa vivante Joliette, Ostie l'était demeurée. Le quartier maritime ne nuisait pas à la cité primitive, centre toujours des tractations, du luxe et du plaisir.

Saint Augustin nous a laissé, en nous racon- tant la mort de sa mère, le dernier témoignage de la grandeur ostienne. Après lui, c'est la nuit, la nuit romaine qui s'étend sur ces bords. Rome se vide, Ostie se meurt. De temps en temps, un pape se sert des ruines pour proté- ger la ville. Ostie est la sentinelle, elle n'est plus le marché. Grégoire IV, vers 830, élève la forteresse que relèvera Jules II, pour arrê- ter les Sarrasins qui n'en ont cure. Puis la prise même de Rome devient indifférente aux divers Barbares, le fleuve s'ensable, la mer elle-même semble s'éloigner avec dégoût des rivages qu'elle caressait, les monuments s'affaissent, l'herbe pousse, et règne le désert tout trem- blant de fièvres, la fièvre paludéenne et la fièvre artistique qui s'offrent à nos pioches idéales et matérielles d'aujourd'hui.

A peu près tout reste à découvrir encore. L'Ostie ruinée comporte presque exclusivement une grande rue dont on a quelque peu dégagé les approches : au bord du fleuve, de la mer autrefois, des magasins ou docks ; dans la plaine, une vaste habitation, que l'on a appelée le palais impérial ; un temple ; le forum ; le théâtre, des tombeaux et divers édicules. La ruine de ces monuments est sinon totale, du moins très avancée. Mais, en revanche, combien d'œuvres gisent sous terre, comme la *Victoire Ailée,* combinaison de la Parthénos et de Nikè, marbre gigantesque découvert récemment et que je viens de voir redressé au-dessus du trou où il fut trouvé !

Quelques chapiteaux aussi, des colonnes à moitié coupées, des pavements et c'est tout. C'est tout pour le détail. Mais ce tout, qui est si peu, est incomparable, non pas seulement par sa beauté tangible, visible, mais aussi par sa beauté morale.

Voyez, par exemple, le temple de Vulcain. La lourde masse de brique s'élève sur deux étages, l'un les caveaux, l'autre le sanctuaire. On accède à celui-ci par des marches qui aboutissent à une plate-forme d'un marbre colossal, tout veiné de rouge et de vert, en larges traits, ainsi que courent des fleuves sur une carte. Je regardais, tout à l'heure, l'un de nous, un Romain, gravir sous le soleil et dans le vent qui jouait dans sa barbe, l'escalier solennel. La hauteur des degrés imprimait à son corps des bonds majestueux. Enlevée sur l'horizon des herbes hautes et du ciel, sa silhouette devenait épique. Elle peuplait ce désert et cette mort des choses d'une vie palpitante. Mon ami semblait jaillir du sol même d'Ostie, jeté vers moi par ses pères pour témoigner de la race. Il figurait vraiment le prêtre arrivant pour la cérémonie et le sacrifice. Autour de lui, les briques découronnées de leurs marbres, les fûts coupés et les absides de deux ou trois temples, l'accompagnaient de bénédictions. Derrière lui l'ombre de Pline-le-Jeune se dressait dans les frondaisons de Castel Fusano, et toute la cohue des ancêtres lui faisait cortège. Lorsqu'il parvint au haut des degrés et mit le pied sur la dalle immense toute veinée de sang latin, ce fut les deux bras étendus, la paume tournée vers le sol, que je le saluai.

Il me semble qu'une sélection patiente et raffinée s'est faite, peu à peu, parmi ce peuple italique, pour apporter à notre âge la quintessence de l'humanité paternelle. Les ruines prêtent-elles beaucoup d'elles-mêmes à ces Romains d'aujourd'hui? Notre imagination ajoute-t-elle aux attraits qu'ils dégagent? Je ne sais. Mais chaque fois qu'il m'a été donné de parcourir quelque ruine antique en compagnie de l'un des descendants des chevaliers, de cette bourgeoise romaine, de cette aristocratie du Forum et des plaines de Veies, chaque fois j'ai cru discerner, dans le dernier rejeton, l'allure que nous prêtons aux héros de Plutarque. Une aisance noble les anime. Ils sont dégagés et graves. Ils ne marchent pas « comme les autres ». Toucher le vieux sol les allège et les assouplit; tandis qu'ils gardent dans leur balancement une force émue. Ils s'animent, s'intéressent avec nous; mais la vertu de la terre se communique à tout leur corps qui foule les débris et les herbes. Ils jouissent d'une familiarité heureuse et en même temps d'une pieuse tendresse. Et, devant moi, la dame romaine, dont l'engin automobile, si peu romain, nous a amenés, marche comme une jeune matrone, bien chez elle, sur son domaine qui lui insinue sa vertu.

A Pompei, dans tout le golfe napolitain, je me suis plu à chercher la trace grecque. Je l'y ai trouvée avec surabondance, de Sorrente à

Cumes où les colons de Calchis abordèrent. Et c'est en vain que le Vésuve veut prendre des airs ravageurs. Les maisons de Pompei, les ruines de Baia, de Pouzzoles, dans la nature ionienne, criaient la vigueur des enfants de Cadmus. Combien plus encore cet empire des hommes sur la nature se dévoile à Ostie ! Tout y est en extension, en rectitude. Les choses s'allongent comme des bras avides. Le Tibre rage contre les sables, les monts reculent et la plaine rejette au loin la mer. Nous pouvons y relever les décors cosmopolites d'autrefois ; Ostie apparaît néanmoins romaine, c'est-à-dire sévère, rude, puissante, pleine de dignité, d'une grâce très haute, où le charme vient, non pas des traits, mais de l'âme profonde. Qui saura jamais, pour tout dire, qui pénètre le plus : les choses, l'homme? ou l'homme, les choses? L'atmosphère, les lignes peuvent nous envelopper et nous contraindre. Nous brisons les chaînes et délions les rets, et, peu à peu, nous dressons le paysage conforme à nos cœurs. Après l'avoir choisi, nous le bouleversons. Et l'homme donne à la nature son caractère, ainsi que la caravane précise et accentue la majesté du désert africain. Ne me disais-je point, cependant, tout à l'heure, qu'Énée vit ces terres telles qu'elles sont redevenues?

N'est-ce pas, ensuite, une nécessité économique qui a développé Ostie à l'embouchure du Tibre? Oui; mais le perpétuel afflux des « monstres de la mer », si puissamment aidé par la nature, n'a pu, à Naples, l'emporter sur la grécité, pas plus qu'il n'a pu, ici, triompher de la romanité. Peu à peu, le paysage s'est plié au gré de ses occupants tenaces et actifs. En dépit de la force naturelle, l'homme a imprimé aux choses son propre caractère. Loin de Rome, le Romain pouvait encore, à Naples, supporter un minimum de grécité, qui convenait, d'ailleurs, à ses origines, à sa culture et à ce sentiment d'exotisme dont il se parait, de la même manière que nous sommes « snobs » aujourd'hui. Aux portes de la ville, le Romain jouait serré, et il violentait les choses pour les rendre tout à fait pareilles à lui. Oui, nous construisons le paysage à notre image, bien plus qu'il ne nous fait! Au lieu de dire : la terre forme les peuples, peut-être faudrait-il dire : les hommes créent le ciel où ils respirent. Et si Ostie est si conforme à mes compagnons qui, tout à l'heure, gravissaient les degrés du Vulcain et crossaient du pied les cailloux du Forum, c'est que ce sont eux qui ont remanié cette nature pour l'harmoniser à leur propre cœur.

Ce n'est pas une fois, mais vingt que, en parcourant les ruines d'Ostie, des souvenirs du Palatin et de la Villa Hadriana m'ont assailli. Ostie n'est qu'un prolongement des collines saintes. Ce qu'on appelle le palais impérial, c'est la Piazza d'Oro de la Villa Hadriana, et les degrés du Vulcain sont ceux du temple de Jupiter au Palatin. Saint Augustin nous dit que, à Ostie, au lit de mort de sa mère, dans un suprême entretien, « il toucha, par un bond du cœur, à la vie future ». Un bond semblable nous ramène en arrière, et nous fait toucher à la vie d'autrefois. Nul désert n'est facilement repeuplable comme l'est Ostie pour le voyageur romain. Nul effort ; l'imagination même est inutile. Tout vient tout seul, sous les yeux et les doigts. « Rien n'est loin de Dieu », disait Monique pour rassurer ses enfants sur sa sépulture en cette terre passagère. Rien n'est loin de nous, non plus. Ostie continue nos promenades dans Rome multiforme et une. Nous voyons, à Rome, la ruine des splendeurs. Nous voyons, ici, la ruine du travail qui produisait les merveilles de Rome. Visiter Ostie, c'est reprendre son voyage à la porte même de Rome. Éventrons par la pensée, et souhaitons que les pioches éventrent réellement ce sol ! Des œuvres comme la *Victoire* que je viens de voir dressée au-dessus de son tombeau, en sortiront peut-être. Il en sortira certainement des ombres harmonieuses qui remonteront avec nous le cours du fleuve jaune, et nous irons tous ensemble, ce soir, à la Bocca della Verita, au pied de l'Aventin, devant le petit temple rond dit de Vesta, ou d'Hercule, déposer nos fardeaux de souvenirs ostiens et romains, égaux, fraternels ; le Palatin se mirant dans le Tibre, confiera son image au fleuve qui la jettera au pied du Vulcain, ainsi que, autrefois, sur la plage de Byblos, roulait la tête d'Adonis.

VIII

UN TOUR CHEZ VIRGILE

Prattica, Ardea.

Hier, j'étais à Ostie avec son prophète. Me voici aujourd'hui chez Énée avec le plus latin, peut-être, des écrivains modernes, l'historien de Rome, mon ami Guglielmo Ferrero. Ainsi je mobilise tour à tour ce qu'il y a de mieux. Je n'attends certes point de Ferrero le même archéologique secours que de Carcopino. Et l'auteur de *Grandeur et Décadence de Rome* a bien soin de m'avertir en riant que *l'Énéide* n'est point sa partie. Il s'est voué au fruit et non pas au pollen. Mais je suis bien sûr qu'il me dit cela par pure amabilité. Il veut me persuader, et mon affection lui en sait gré, qu'il est venu aux pays chantés par Virgile dans le seul but de passer une journée avec moi. Je m'en flatte, mais je le flatte aussi d'un plaisir poétique, le même que j'éprouve. Notre joie d'écoliers un peu tout le long de la route, dans l'automobile obligeamment prêtée par un ami dévoué aux lettres et aux littérateurs, notre joie est trop également fébrile pour ne pas s'abreuver à la même source virgilienne. La journée fut rude souvent, affamée et sèche... Elle restera dans nos souvenirs l'une des plus douces de charme et d'intellectuelle communion.

Pour que la visite fût complète, il eût fallu pouvoir venir d'Ostie à Prattica en longeant la mer ; il eût fallu pouvoir visiter Castel Fusano, Castel Porziano, les ruines tenues généralement pour celles de Laurente, Tor Paterno où subsistent, auprès d'une ferme, des ruines considérables que Gaston Boissier, qui les vit, attribue à un palais de Commode, et que les archéologues modernes, qui ne les voient pas toujours, nomment villa de Pline, celle-ci, d'après les autres, se trouvant alors plus au nord. Tor Paterno et Castel Fusano sont les deux points extrêmes, aujourd'hui, d'une terre royale. Sa proximité de la mer et de Rome à la fois, la modestie de ses bâtiments au milieu d'un domaine immense, rempli de bois et de terres de culture, fait de cette *tenuta* le séjour à près près constant de la famille royale. En trois quarts d'heure d'automobile, le roi peut se rendre à Rome : c'est le Potsdam italien, sans palais, en chaumière. Et les jeunes enfants respirent un air meilleur qu'au Quirinal dont le ménage royal, si simple en ses mœurs, supporte impatiemment la solennité et le faste. De telle sorte que, sauf au cœur de l'hiver et en plein été, la visite de ces rivages où Énée aborda, tira ses navires et construisit son camp, la vue de cette Laurente où Rome entière passait l'été dans ses villas dont Pline nous a laissé une précieuse quoique obscure description, la promenade, enfin, à travers les bois profonds où courait le cerf de Tyrrhus, *Cervus erat forma præstanti et cornibus ingens,* le cerf que tua, dans son imprudente ardeur, le bouillant Ascagne, ces plaisirs sont interdits. A peine avons-nous franchi la porte Saint Paul et pris la route d'Ostie que la présence, en certains points, de carabinieri, nous avertit de n'avoir point à compter sur le hasard d'une surprise. Le Tyrrhus moderne, à qui, comme à celui de Latinus, *regia parent Armenta et late custodia credita campi,* serait capable, comme son ancêtre, de nous courir sus, hache levée, si nous voulions seulement franchir la grille.

A dix kilomètres de Rome nous quittons la voie ostiene pour tourner à gauche, vers le sud. Nous traversons une plaine légèrement mouve-

mentée, comme le sont les flots de la mer.
Jusqu'à la porte de la tenuta royale, les
champs moutonnent sans un arbre, tout en récoltes. Une brusque descente nous met devant
la grille du parc que nous laissons à droite,
et, jusqu'à Prattica, nous allons rouler le long
du domaine, entre des bois de chênes-liège.
Je n'avais pas encore vu ces lièges dépouillés.
Le tronc, jusqu'à la naissance des branches, est
à nu, écorce arrachée. Il sort de terre comme un
gigantesque cigare, de ces cigares à surprise qui
s'épanouissent en éventail. On dépouilte ainsi
les lièges de leur peau pour en faire des bou-
chons, et je constate que la propriété royale est
aussi scrupuleusement écorchée que les autres.

Voici donc les bois où Silvia enlaçait de
simples guirlandes aux cornes de son cerf
bien aimé. Ici se battirent et moururent ensemble Nisus et Euryale. Devant les Troyens
exilés ces profondeurs s'ouvraient ainsi qu'elles
s'offrent à nous, attirantes et terribles. Vers
un inconnu passionnant nous allons, ainsi
qu'Énée allait vers les buissons où s'abritaient les troupeaux de Latinus et de Turnus,
roi des Rutules. Mais ce soir, Latins triom-
phants, héritiers du héros troyen, nous mon-
terons au Palatin saluer le souvenir d'Évandre
si favorable au suppliant Énée.

Pénétrons donc, à notre tour, dans les vallons, dans les gorges où les scènes épiques se sont déroulées, tous les incidents des premiers pas d'Énée dans son futur royaume. La route descend toujours, encaissée et profonde entre des bois, et voici, sur notre gauche, allant de l'ouest à l'est, de la mer où se déverse son ruisseau jusque vers la montagne, voici la petite vallée de la Petronella. Un sentier de mulets longe le cours d'eau qui disparaît sous les saules et serpente entre deux hauts coteaux. Nous marchons, mon ami un peu étonné de mon ardeur à poursuivre ainsi des fantômes, nous marchons sous un brûlant soleil, dans les herbes drues, jeunes et tendres :

— Où me menez-vous donc ? demande Guglielmo Ferrero.

— A la Petronella.

— Qu'y voit-on ?

— C'est une ferme.

Mon ami me regarde de travers. Il est résigné, cependant, et, pour détourner ses défavorables pensées, il me parle avec flamme de ses travaux. J'aurais tort, toutefois, de croire à son inattention. Tandis qu'il parle, il ne perd pas un détail du frais vallon, de ses bords où s'agrippent de petits arbres tordus, de ses récoltes parmi les pierres. Et tout à coup, il me dit :

— Virgile aurait bien dû indiquer en quelle saison Énée apparut en ces lieux. C'est très important pour savoir si nous les voyons tels qu'il les vit !

— Moquez-vous de moi, je le veux bien. Mais confessez que ce paysage vous émeut, puisqu'il est celui où se passèrent des événements sans lesquels vous n'auriez jamais parlé de César qui, sans eux, n'eût point existé.

Et nous voilà discutant sur le degré de crédibilité que l'on peut accorder aux poètes. Car n'est-ce pas toute la question : dans quelle mesure la fable d'Énée est-elle exacte? Dans la mesure de toutes les légendes, que nous devons dépouiller de leur merveilleux pour retenir le fait le plus simple, qui possède dès lors des chances de probabilité. Il peut donc rester, au point de vue le plus strict, du merveilleux poème, que des émigrants ou bannis de la Lydie abordèrent un jour dans l'estuaire du Tibre et résolurent de s'y fixer. Ils rencontrèrent d'autres colons ou des indigènes dont les uns, personnifiés par Latinus, les admirent parmi eux, les autres, personnifiés par Turnus, ne voulurent leur rien céder des terres incultes épandues alentour. Lavinium s'éleva à côté de Laurente, et, trente ans après, la petite colonie, ayant prospéré, envoya quelques-uns de ses enfants vers les montagnes voisines où ils se réunirent, au-dessus d'un lac, dans des cabanes qui se multiplièrent et devinrent Albe la Longue.

— Or remarquez, ô historien scrupuleux, que ce vallon est la route la plus directe pour aller de Lavinium vers la montagne. Quoi donc nous empêche de faire de ce vallon la route des Troyens? Et nous pouvons supposer aussi, sans trop de complaisance, que cette gorge où nous marchons fournissait aux troupeaux du roi Latinus un pâturage toujours vert, un abri contre les orages, un asile, secret et peu accessible, contre les entreprises des voisins jaloux.

Le mystère, en effet, est profond ici. On pourrait y vivre retranché du monde qui ne se douterait pas de vous. C'est le vallon des surprises guerrières, le chemin creux où les escadrons viennent s'engloutir, et voici, là-haut, la citadelle. Le vallon, en effet, est barré en son milieu par une éminence ronde, sorte d'acropole au haut de laquelle des bâtiments de ferme se pressent en désordre. Une tour de briques plates les domine sur la droite. Et mon compagnon me regarde en souriant :

— Verriez-vous là le palais du roi Latinus?

J'y vois bien plus. Je vois sur les pentes de la Petronella dévaler Amata, femme de Latinus et mère de Lavinia, en proie à l'ivresse, épaules nues, chevelure flottante. Escortée des femmes latines dans le même état, elle entraîne avec elle Lavinia pour la dérober à l'hymen de l'étranger, et toutes ensemble hurlent leur délire de soûlardes, agitant des thyrses et des torches enflammées, roulant des yeux sanglants. J'aperçois les gens d'Ardea qui accourent. Et Latinus, qui veut la paix, se résout à fermer sa porte : *nec plura locutus, Sepsit se tectis, rerumque reliquit habenas*. Admirable exemple que trop de rois ne suivront point.

Nous sommes montés sur le petit mamelon de la Petronella; nous avons tourné autour de la ferme, et où des porcs turbulents nous parurent les descendants de la laie aux trente petits, nous avons contemplé la grande plaine latine que labouraient les charrues de Latinus et de Turnus. Au loin, c'est l'avenir ! C'est Albe, les pentes verdoyantes de son lac, la Sabine derrière Rome étincelante, et sur notre droite la mer inféconde venant lécher le pied de la pineta. Que de choses profondes disent ces paysages ! Ah ! que nous font à cette heure histoire ou légende ! La vertu de Virgile donne à tous ces lieux une existence réelle que n'ont pas les vulgaires vivants. Personne n'oserait aujourd'hui douter du roi Ancus si Virgile l'avait chanté. A Florence, je rencontre chaque jour Béatrice que l'on dit n'avoir pas existé ; elle existe bien plus, cependant, que les mégères qui riaient de l'homme au capuchon rouge, et qu'il connaissait. Auprès de Lavinium, Amata et Énée jouissent d'une vie que ne possèdera jamais l'homme-bête qui, en ce moment, plante ses piselli sur les flancs de la Petronella. Le poète donne aux êtres qu'il crée une existence véritable que de pauvres hommes misérables ont cru détenir, mais que, en réalité, ils n'ont jamais connue.

C'est ce que je dis à l'historien infatigable qui me suit docilement, tandis que nous regagnons, par le chemin verdoyant, la route au bout de laquelle est située Prattica. Village, pauvre village qui n'a jamais dû se développer depuis le temps où Énée le fonda. Il connut plus de gloire qu'aujourd'hui, mais non plus d'habitants. Ce fut un temple et non pas un pays. On y conservait les Pénates de la nation, la cabane d'Énée et même la fameuse truie aux trente petits, macérant dans le sel. Avant d'entrer en charge, les magistrats ro-

mains venaient ici sacrifier aux Pénates que
gardaient un millier d'hommes et de femmes.
Avec l'empire, Lavinium dépérit. Elle reprit
quelque vie, cependant, lorsque les Borghèse
en devinrent propriétaires, au commencement
du xviie siècle. Et c'est encore le château des
Borghèse, ils l'habitent encore, qui fait vivre
aujourd'hui Prattica. Ce château, avec sa haute
tour, son beffroi, nous accueille au détour.
Il plonge à pic sur le rocher, regardant la mer,
et il faut le contourner pour passer la porte.
Car le village est fortifié.

Lui aussi, comme la Petronella, est bâti sur
une sorte d'acropole. Une petite place nous
reçoit, dominée tout entière par le château,
devenue demeure de plaisance, où le prince
Camille Borghèse nous fait entrer. Il nous
montre, dans son vestibule, les débris antiques
ramassés dans ses champs, parmi lesquels, cependant, une stèle dont l'inscription : *Lavinia*,
trop bien conservée, ne permet pas une attribution très ancienne. Dans des caisses sont
encore entassés des débris jaillis tout récemm-
ment sous le soc de la charrue. Faisant alors
le tour du village, nous avons cherché quelque
trace d'âges plus anciens que l'âge de Rome,
ceux que nous appelons légendaires, afin
d'excuser notre ignorance. Et seuls des murs

de briques plates se sont présentés. Prattica,
pauvre village sans gloire autre que fabuleuse,
— mais n'est-ce pas la plus belle ? — Prattica
n'est qu'un nom où nous devons tout mettre,
et qui sonne vide à la mémoire. En vain nous
demandons à l'écho de nous renvoyer Lavinie.
La tour des Borghèse est seule à répondre,
et, ses paroles, ce n'est pas aujourd'hui, la
tête pleine de vers nombreux, que nous pourrions les entendre.

Nous sommes repartis à travers la plaine latine, et notre automobile bouscule les fantômes. On peut disputer encore sur Laurente et
son emplacement. On peut même discuter
Lavinium et Ardea. Ce qu'on ne peut, c'est
refuser à ces champs la gloire première d'avoir
recélé l'avenir romain. Pour le plus scrupuleux des historiens, pour mon compagnon lui-
même, les entours de Prattica et d'Ardea por-
tèrent les obscures peuplades d'où sortit la
gloire de Rome. Qu'importent les noms ! Les
étiquettes ne changent rien à l'essence de la
liqueur. Et que les noms donnés par Virgile
soient exacts ou non, cela n'enlève rien aux
hommes qui les portaient — ou qui se nom-
maient autrement. Nous pouvons donc suivre
le texte de Virgile sans crainte d'erreur. Ici se
rencontrèrent, pour se battre soit contre Enée

avec Turnus, soit avec Enée contre Turnus, soit
entre eux, des hommes que nous avons con-
venu d'appeler comme les appelait Virgile. Le
farouche Mezence et son fils Lausus, le plus
beau des guerriers après Turnus, le bel Aven-
tinus issu du bel Hercule vainqueur de Géryon
et de sa manade, Catillus et Coras originaires
d'Argos, Céculus fondateur de Préneste, Mes-
sape roi des Eques habitants du Soracte, le
sabin Clausus père de l'immortelle gens Claudia, Aébalus venu des bords du Sarno, Ufens
roi des Equicoles, Umbron le charmeur de
serpents, Hippolyte lui-même enfin, le charmant Hippolyte ressuscité par Diane et caché
dans les bois de la nymphe Egérie. A l'appel
de Turnus, roi des Rutules, ces chefs et leurs
troupes sont accourus des plaines, et descendus
des montagnes. Ils vont s'efforcer de défendre
contre le hardi Troyen la terre qu'ils ont en-
semencée, la liberté qu'ils ont conquise ; Rome
apparaît à leur divination, et qui les menace.
Ils veulent vivre indépendants et non soumis.

Virgile, par cette assemblée redoutable,
veut démontrer la force du destin qui impose
la Rome d'Auguste. Laissant la fiction brodée
autour du fait, voyons dans cette tradition que
Virgile recueillait le récit d'une épique lutte.
Des colons ou des indigènes occupaient ces

terres arides. De hardis émigrants, chassés de l'Asie par la guerre ou par la faim, se présentèrent après un naufrage, à moins qu'ils n'eussent choisi ces lieux à leur convenance. Ils se heurtèrent aux peuplades déjà installées ; ils durent gagner leur séjour au prix de combats. Voilà, sans doute, la réalité. En quoi est-elle préférable à la fable de Virgile ? Celui-ci ne lui enlève rien, et il la magnifie.

Notre voiture, cependant, qui, depuis Prattica, semblait rouler vers la chaîne des monts albains, vire brusquement à droite : nous retournons vers le sud. Et, après quelques instants, Ardea se dresse devant nous. Turnus, roi des Rutules, siégeait ici, et il faut bien reconnaître que ces Rutules, admis d'ailleurs par l'histoire, si Turnus ne l'est pas, occupaient dans le Latium une place beaucoup plus avantageuse que Laurente, si Laurente, toutefois, doit rester longtemps encore assise au bord des flots. Mais quand Laurente devrait être, par suite de l'un de ces petits jeux auxquels s'amusent innocemment les archéologues, si Laurente doit un jour être déplacée et portée plus à l'est, ce qui me plairait mieux d'ailleurs, elle n'occuperait jamais une posture aussi avantageuse que celle d'Ardea.

A cinq kilomètres du rivage, le village est

assis sur un rocher qui s'enfonce comme un coin au centre d'une vallée au fond de laquelle court un ruisseau. Du côté de la plaine maritime, le rocher d'Ardea est commandé par un château appartenant aux Sforza-Cesarini, château moitié féodal, moitié Renaissance, dans le genre du château de Prattica, mais regardant une contrée plus large, plus ouverte. Derrière le château, le village n'est composé que de masures. Une petite osteria nous donne du pain, du saucisson et de ce vin *dei castelli,* entendez des coteaux albains, que tout ami de Rome aime tant à déguster. Nous le buvons en poussant un Evohé! au dieu Bacchus, trompant ainsi grâce à lui notre faim. Celle-ci nous la trompons encore par nos divagations virgiliennes. Où se trouvait le palais de Turnus, *pulcherrimus Turnus, avis atavisque potens,* et qui peut-être eût renoncé facilement à Lavinie si la furie Allecto ne lui avait jeté sur la poitrine sa torche fumante ? Il aimait Lavinie, mais l'alliance avec Latinus, petit seigneur de la maigre Laurente, devait sembler inférieure aux Rutules de la fière Ardea. La raison d'Etat, comme pour Titus, l'eût emporté sans doute sur l'amour. Allecto fit de Turnus, étrange contradiction, une victime de l'amour, immolée par le fils de Vénus. Plus je regarde,

moins je vois Latinus puissant roi d'une forte
cité, et plus je vois Turnus se grandir de son
peuple assis sur les hauteurs d'Ardea. Les trois
cents coursiers de Latinus tout caparaçonnés
d'or devaient s'affamer dans le maigre vallon
de la Petronella ? Sur l'acropole d'Ardea, je
m'imagine très bien le grand Turnus surpas-
sant ses soldats de toute la tête. Son casque est
surmonté d'une aigrette et d'une chimère vo-
missant les feux de l'Etna. Sur son bouclier
d'or est tracée l'image d'Io que gardent Argus
et Inachus, tandis que se presse derrière lui
une jeunesse ardente. Et voici que bientôt
apparaît, gravissant le rocher, Camille reine
des Volsques, amazone intrépide. Nous nous
joignons à la foule des matrones qui sortent de
leur logis pour l'admirer au passage, et, comme
elles, nous restons éblouis devant sa beauté
que parent et protègent chlamyde de pourpre,
agrafe d'or retenant sa chevelure, carquois de
Lycie et myrte emmanché sur un fer acéré :
et pastoralem præfixa cuspide myrtum.

Ainsi Virgile termine le septième chant que
nous venons de relire presque en entier. Et
nous chantons avec lui : *et nunc magnum
manet Ardea nomen, sed fortuna fuit !*
Ardea n'est plus, mais Virgile ne dirait pas
aujourd'hui que sa fortune fût, puisqu'elle

a gardé son nom. Nous sommes descendus dans la vallée au milieu de laquelle Ardea élève ses murailles faites de pierres polygonales couvertes de lierre et de toutes les lianes, et nous en avons fait le tour. Les murs sont magnifiques ainsi revêtus, et laissent apparaître à travers les feuilles leurs pierres si vieilles, d'un jaune noir vibrant au soleil. Par moments, nous grimpons le rocher à pic pour mieux dominer, et nous contemplons longuement le joli vallon tout fermé alentour, comme à la Petronella, mais dix fois plus large ici : un peuple pasteur devait y vivre abondamment. Abrités des vents et gardés par les rochers qui ferment les bas fonds, protégés des excursions de pirates par la citadelle, les pasteurs pouvaient vivre heureux et paisibles, leurs troupeaux au frais, eux derrière leurs murailles.

Sont-ils si loin de ces ancêtres, ceux que nous venons de voir au flanc sud du rocher qu'ils ont creusé pour leur caverne ? Le spectacle jeta, sur notre joie si pure, une ombre qui lui pèse encore. J'ai vu des hommes et des femmes vivant comme les bêtes, à deux pas de Rome, en cette Europe dont nous sommes fiers d'être les enfants civilisés. Le roc a été éventré à la pic ; nous regardons par le trou et ùn caveau s'ouvre devant nous. Ainsi les Étrusques creusaient leur tombeau, et des vivants y logent. Le roc suintant est noir de suie, la suie du foyer formé de deux pierres posées à terre dans un coin. Le long d'une des parois, un grabat repoussant de couleur et d'odeur posé sur quelques planches ; au fond un banc taillé dans le rocher, et par terre tous les déchets... Vont et viennent cependant devant l'huis un troupeau d'enfants à peine, non pas vêtus, mais recouverts de guenilles. Puis, à côté de la caverne, la famille étant nombreuse, une cabane de roseaux devant laquelle une femme allaite son enfant. Le petit être est grand déjà. J'interroge. Il a deux ans passés. Et comme je m'étonne de le voir teter encore, un geste d'infinie détresse, que la femme accompagne cependant d'un vaillant sourire, un geste pitoyable me traduit:

— Tant qu'il tettera, je suis sûre du moins de pouvoir le nourrir.

Nous avons beau, pour nous réconforter, nous dire que cette cabane est peut-être celle d'Enée à Lavinium, et dont le transport ici serait assurément moins extraordinaire que celui de la Santa Casa à Lorette, nous ne pouvons nous distraire de la misérable rencontre. Comme ces troglodytes latins, Ar-

dea drape sur sa vieille chaire rousse les draperies trouées d'un lierre mémorable, et ses
enfants continuent à tirer la vie de ses lamen-
tables mamelles. Ah ! le casque de Turnus et
son bouclier d'or, que ne pouvons-nous les
monnayer ! Et, sans nous dire pourquoi, nous
marchons longtemps avant d'oser remonter,
bien que nous n'y soyons qu'invités, dans
notre automobile.

Rome.

Pouvions-nous finir ainsi la journée ? Et
brusquement j'ai dit à mon ami :

— Suivons les traces d'Ascagne, montons
vers Albe-la-Longue !

Notre chauffeur lui-même, à force de nous
entendre, se passionne à son tour, et nous
voici lancés, à travers les champs latins, vers
la colonie de Lavinium, et vers Rome fille
d'Albe. Les beaux champs déserts et si peu-
plés pour nous ! Le char plein de récoltes,
accompagné de laboureurs, et que nous dé-
passons, n'est-ce point la famille elle-même
d'Enée en route vers son grand destin ? Cette
Zolforata où nous nous arrêtons un instant,
pour en regarder la grotte au fond de laquelle
bouillonne une eau verdâtre qui, comme l'Al-
bunea de Virgile, où Latinus évoquait l'âme

de son père Faunus, — serait-ce elle, peut-être ?
— exhale des odeurs méphitiques : *exhalat
opaca mephitim,* cette Zolforata dut être au
temps d'Ascagne un sanctuaire où les prêtres
redonnaient la santé aux pauvres gens, et la
large plaine blanche, reste d'un cratère en-
foncé au milieu des champs, nous rappelle la
Pouzzoles d'autrefois et ses petits volcans.
Puis la route reprend, toute droite. Albano
est là devant nous, dominant la plaine que nous
quittons, Albano si belle, si radieuse au milieu
de ses bois, commandant ces penchants fertiles où règne le dieu Bacchus et les miracles
de Cérès répandus à ses pieds. Nous volons
vers Albe porter à Ascagne le souvenir de Lavinium, et lui demander ses ordres pour la
Rome de ses enfants. Mais non ! ne nous arrêtons pas ! gardons intacte notre illusion poétique, dévorons le temps. Albe trop moderne
franchie, nous voici sur la route vénérable
entre toutes. Les pavés millénaires de la Voie
Appienne peuvent nous secouer durement ;
notre chauffeur lui-même ne pense plus aux
ressorts délicats qui lui sont confiés. Nous ren-
trons à Rome entre les haies des tombeaux !
Mon ami, ici, ne songe plus à me plaisanter.
Il ressent lui aussi la grandeur, mémorable
pour nous, de cette journée commencée dans

la fable et finie dans l'histoire confondues. La chaîne est imbrisable d'Enée à César. Chaque motte de cette terre en compose les anneaux. Et lorsque notre voiture, ayant franchi la porte et passé devant les thermes de Caracalla, nous jette enfin au pied du Palatin, il nous semble que s'avance pour nous recevoir, ainsi qu'il reçut Enée, le vieil Evandre, fils de Pallas, et qu'il nous invite à prendre place avec lui autour de son trône d'érable, tandis que les jeunes gens et les prêtres nous présentent la chair fumante des taureaux, jettent les dons de Cérès dans les corbeilles, et nous versent Bacchus à boire.

> Tum lecti juvenes certatim aræque sacerdos
> Viscera tosta ferunt taurorum, onerantque canistris
> Dona laboratae Cereris, Bacchumque ministrant.

Et c'est sans surprise que je vois Evandre placer mon ami l'historien de Rome à sa droite, et épancher en son honneur les prémices du repas, tandis qu'il m'indique un fauve pelage étendu devant ses pieds, dans le sentiment d'une équitable distance.

IX

CHEZ LES TOUCHEURS DE BŒUFS

Anzio.

Pour aller d'Ardea à Anzio, le mémorable et
suggestif Antium, aussi prestigieux que
Baia dans l'histoire de la civilisation romaine,
on doit passer par Rome. Et c'est bien dommage. Que ne peut-on suivre, le long de la
mer, quelque route, voire un chemin, qui
serpenterait dans les dunes, parmi les herbes
où Latinus et Turnus paissaient leurs troupeaux !

Il faut se résigner au chemin de fer que la
route, aussi bien, suit strictement. Et, est-ce
la faute de l'engin ? ma promenade d'hier ne
m'inspire plus que critiques. Je m'applique à
la réduire en prose, et je récris l'histoire à ma
façon irrespectueuse et terre-à-terre. Que faire
d'autre en chemin de fer ?

Le bon Latinus ne fut en somme qu'un
prince de courte vue et un père léger. Entre

deux prétendants, l'un brillant étranger jeté
sur le rivage par la tempête, et qui racon-
tait des fables suspectes : Troie, Vénus, Didon
et tant d'autres invraisemblables prodiges ;
l'autre roi des Rutules, solidement appuyé
sur une cité prospère, Ardea, et un territoire
important ; entre ces deux amoureux, Latinus
n'hésite pas. Ébloui par les récits d'un beau
garçon vomi par les flots, il donne sa fille à
l'aventurier ; tel, aujourd'hui, ce hobereau
qui jette son enfant dans les bras du « rasta »,
dédaignant le modeste, mais sérieux et fidèle
voisin de domaine. Lavinie, donc, doit repous-
ser Turnus et s'unir à Enée. La guerre est
allumée entre les deux tribus du Latium. Turnus périra. Latinus fut un père et un roi impré-
voyants. Nous possédons les mêmes raisons que
Virgile de célébrer la puissance romaine, ré-
jouissons-nous donc avec lui de cette inconsé-
quence; mais nous, qui n'avons pas, comme Virgile, de « cantate » à écrire, jugeons-la aussi.
Lavinie épousant Turnus, le royaume latin eût
été fondé tout de même, et sans le secours d'é-
léments hétérogènes. Les marécages pasto-
raux du Latium eussent été abandonnés par
Turnus, comme ils le furent par Ascagne, pour
les hauteurs d'Albe la Longue, et le problème
d'une Rome à bâtir se fût posé de même. Si

nous songeons, d'autre part, que Ardea devait l'existence à un fils d'Ulysse et de Circé, nous sommes obligés de reconnaître que Virgile aurait trouvé, là aussi, des origines homériques. Au lieu de Priam, il eût chanté Ulysse ; au lieu de Troie, Ithaque et Mycènes ; et son poème, au lieu de donner une suite à l'*Iliade* l'eût donnée à l'*Odyssée*. Pas plus que Virgile, nous n'eussions été frustrés.

Qu'il eût été amusant de rêver au plan de cette *Énéide* rectifiée, en traversant les sables humides qui vont d'Ardea à Anzio, à travers cette Maremme romaine où les premières peuplades paissaient leurs troupeaux, le berceau même de notre vie ! Il n'y a point de route pour aller d'Ardea à Anzio. Et ce n'est que du phare d'Anzio que nous pouvons juger de la pauvre terre où les pasteurs de bœufs, les « bergers en chef », Latinus et Turnus, se disputaient quelques maigres fruits d'un sol vaseux. De ce promontoire du Latium, le phare d'Anzio, nous voyons du moins cette Maremme romaine, aussi fantastique qu'autrefois, plus terrible encore peut-être par sa fièvre et son abandon. La mer est douce ; elle a pitié de ce rivage sans défense où même pas un rocher ne résiste à sa puissance. Des dunes, des dunes nues et effilochées d'herbes maigres, forment tout le paysage que viennent seules réjouir de ravissantes fleurs roses, poussant sur des plantes grasses qui ressemblent à des cactus nains, et dont toute la côte est ourlée. A mesure que le chemin de fer, après avoir contourné les monts Albains, s'approche de la mer, les talus se couvrent de ces fleurs. C'est entre deux haies mauves que j'arrive à Anzio. Les belles guirlandes dont jalonner le chemin qui nous mène à Néron et à Coriolan, le suave collier à former pour la gorge d'Acté, la glorieuse couronne à tresser sur le front de Volumnie !

Ainsi qu'autrefois, au temps des empereurs, la petite ville d'Anzio est un bain de mer romain. A Lucullus, à Cicéron, à Atticus, à Mécène, à Auguste, ont succédé sur ce rivage leurs descendants, riches propriétaires ou bourgeois cossus, fils des chevaliers, et dont les maisons occupent la place même des villas antiques. Elles forment, de chaque côté du port misérable, deux bras étincelants et chargés de parures. La Fortune : *O diva, gratum quae regis Antium...* que chantait Horace, n'a pas abandonné Anzio. Les « triomphes superbes » ne sont pas devenus « funèbres ». Apollon, celui dont la statue trône aujourd'hui au Belvédère du Vatican, continue à protéger le rivage

aussi riche de luxe que de souvenirs. Pendant
plus d'une heure, j'ai marché le long de la mer,
regardant les maisons estivales des Romains du
xxe siècle, ainsi que, jadis, quelque cynique
devait contempler les villas des amis de Caligula. Et je songeais combien, au fond, le
monde change peu. Au pied du Vésuve, je
constatais la ressemblance étroite qui existe
entre certaines rues de la Naples moderne et
les rues pompéiennes. Anzio, mis de côté les
détails et les procédés architectoniques, est bien
restée Antium. Là-bas, au bout droit du rivage,
au-dessous du phare, se voient encore les briques
fondamentales des antiques villas. Au milieu
de la digue, que représentent donc ces bâtisses,
avancées dans la mer et qui servent aux baigneurs, si ce n'est les bâtiments romains eux-
mêmes empiétant sur les flots ? Sur la gauche,
le château de Nettuno figure bien l'ancienne
citadelle. Le môle néronien enfin trace encore
sous les vagues sa ligne trapue, et le port d'Innocent XII n'a fait que nous rendre le port
impérial, s'il n'a pu, pas davantage que Pouzzoles ni qu'Ostie, récupérer sa richesse com-
merciale.

Les papes aussi, jaloux de succéder en tout
et de leur mieux aux empereurs, vinrent à
Anzio. Le premier qui s'en avisa fut Clé-

ment VIII — Aldobrandini, dans les toutes premières années du xviie siècle. Son successeur Paul V-Borghèse, en fit autant ; et Anzio est couronnée aujourd'hui de deux villas princières, l'une regardant vers Rome, l'Aldobrandini, l'autre vers Naples, la Borghèse. Ce sont toutes deux des palais dans le style assez mesuré du temps où Bernin n'avait pas encore perverti les descendants de Michel Ange. L'Aldobrandini, au-dessus du phare, plonge ses murs dans la mer, et de cette enceinte jaillit dernièrement la statue, dite *prêtresse d'Anzio*, que l'on voit depuis peu de temps, à Rome, au musée des Thermes. La belle et fine petite créature, si chastement drapée, pensive et d'une pureté impeccable, dormait depuis des siècles dans une niche que des murs avaient close. La mer, jalouse de nous offrir ce trésor, dans son zèle abattit la muraille, et la divine enfant apparut, toute blanche, presque intacte, au soleil qu'elle avait tant aimé et qui la caressait si bien. Une contestation, assez divertissante, s'éleva entre l'État, qui disait : « Je suis l'héritier de Neptune, cette statue est à moi », et le propriétaire de la villa Aldobrandini, qui répliquait : « Les murs marquent mon domaine ; la statue m'appartient. » Une transaction intervint ; et la prêtresse, comme la fille de Latinus, est romaine maintenant.

On a déduit, de sa présence, que Néron devait avoir sa villa sur l'éminence aldobrandine. Mais où n'était pas la villa de Néron ? Bien plus loin encore ! Jusqu'au port sans doute, et les substructions, au pied du phare, que je voyais tout à l'heure, devaient en dépendre. La gloire est grande, en tout cas, pour la villa aldobrandine, d'avoir enfanté cette œuvre. Que cache-t-elle encore dans son giron ? Ce rivage a mis au monde, outre l'Apollon du Belvédère, mille trésors aujourd'hui dispersés dans les musées de Rome, Vatican, Capitole, Albani. Et j'imagine que la Rome moderne doit regarder l'Aldobrandini avec la tendresse d'un époux qui espère en une prochaine paternité, inépuisable.

La villa Borghèse, située entre Anzio et Nettuno, ne plonge pas dans la mer dont la séparent les maisons des baigneurs d'aujourd'hui. Elle surpasse, cependant, l'Aldobrandini de toute l'opulence borghèsienne. Je n'avais point encore vu de villa aussi somptueuse que celle-ci, sauf peut-être la Pamfili, au Janicule ; non pas dans ses bâtiments, qui ont grand air mais sans rien qui sorte de la discrétion convenable aux champs, non pas dans ses bâtiments mais dans ses jardins. Grands bois de chênes et de parasols heureusement mariés ou alternés, grimpant la colline en pente douce et coupés de longues prairies. La porte franchie, on monte vers les pinèdes par des routes molles, ombragées, silencieuses et parfumées. Et les prés se déploient, les sous-bois se creusent, des champs cultivés même scintillent. Parc et jardin, forêt aussi à demi-sauvage, dans l'abandon qui convient à ces profondeurs. Au milieu, la villa élève ses étages au-dessus d'un très haut perron, pour voir mieux l'horizon de la mer. La paix est intense, le décor solennel. Le dix-septième siècle italien posséda, vraiment, à son aurore, le sens de la majesté simple. Le Borghèse qui disposa ici ces futaies autour de sa modeste quoique altière maison, savait qu'il n'y avait pas à lutter contre Amphitrite. Il eut recours à Cérès pour l'opposer à Neptune. Dans le sein d'Anzio, Pluton a rendu Proserpine à sa mère, et la générosité des sables borghésiens le disputent à la fécondité poissonneuse du golfe latin.

J'ai eu bien tort, ce matin, de regretter la route côtière qui m'aurait permis de parcourir les pâturages de Turnus et de Latinus, toucheurs de bœufs. Les villas magnifiques n'existent plus. Et quant au paysage, le voici, au

sud de Nettuno, tel qu'il est au nord. J'ai frété,
à Anzio, une carriole qui s'est engagée à me
conduire à Astura. Il faut croire que l'entreprise est difficile, car, lorsque je consulte sur
mon projet le prince de Nettuno-Borghèse, je
reçois cette réponse : « Vous pourrez toujours
tourner bride ! »

En dépit de tant de modération dans l'en-
couragement, je suis parti. Nettuno a été bientôt dépassé, Nettuno, grand village où les uni-
formes des artilleurs du roi ont remplacé les
beaux costumes des femmes du siècle dernier ;
et le cavallo, quittant la route ferrée, s'est
jeté dans la lande. En vain Anzio et Nettuno
semblent borner la Maremme. Elles ne forment qu'une halte dans le désert fiévreux, que
l'oasis salutaire. De toutes parts, les dunes
enserrent le petit golfe, et la charrette qui
me porte, est seule, si loin que je regarde, à
s'élever au-dessus des herbes. La plaine continue toujours la mer, différente d'elle uniquement par la couleur. Là-bas, sur ma gauche,
les arbres ont été repoussés, à moins que, mé-
fiants, ils se tiennent éloignés de la malice
neptunienne? Cahotés sur d'invraisemblables
sentiers fleuris de courts ajoncs et de longues
élimes, nous avançons péniblement dans le
vent, vagabond comme nous, libre comme

nous. Déjà Nettuno n'est plus qu'un point roux, et c'est à peine si Astura, le petit fortin ainsi nommé, et qui est seul à rappeler dans ce désert de grands et d'émouvants souvenirs, s'indique en face de nous. Derrière lui, dans la brume, la côte de Terracine se dessine, et le cap Circeo perce les nuages de son sommet. Pas un homme, pas une cabane, rien que, par-ci par-là, quelques buffles en liberté, sagement installés à paître le long du chemin.

Gregorovius raconte, lui aussi, dans ses *Promenades italiennes,* récemment traduites en français, son voyage d'Astura ; mais il ne me communique rien de la peur qu'il ressentit à la vue, et à la charge aussi qu'il subit, de ces animaux cornus. Soixante années ont passé, il est vrai, depuis le voyage de Gregorovius. Les conditions agricoles ont pu changer. Quoi qu'il en soit, les bœufs d'aujourd'hui sont placides. Ils ont réappris les hommes. Nous sommes pacifiquement solitaires, mon guide et moi, dans la lande latine, immense et vide. Le froissement des herbes sous le vent répond seul au trot sourd du cavallo et aux gémissements étouffés de la frêle carriole. Que j'aurais aimé, pourtant, à voir apparaître le pasteur à cheval de Gregovorius, me-

nant sa manade et esquissant une corrida ! Sa
pique eût frappé au front la bête enragée,
l'eût terrassée tandis que j'aurais fouetté mon
cheval. Et ainsi j'aurais revu Turnus et Latinus conduisant et domptant leurs troupeaux.
Car, n'en doutons point, le sol sur lequel nous
dansons, puisque je ne puis dire que nous
y roulons, est resté pareil à ce qu'il était autrefois. L'aspect de la Maremme est le même
qu'au temps où Énée y aborda. Combien le
fils d'Anchise devait être fatigué pour l'avoir
trouvée propice ! Et son Latinus, toucheur
de bœufs, il le magnifiait en puissant roi.
Rome, voilà le prodige, est sortie de cette mi-
sère-là, de cette grossièreté évidente des hommes qui subissaient un tel dénûment. Rien
n'est possible ici que le pacage des bêtes à
cornes. Aucune culture dans ce sable, sous
ce vent, la mer si proche et menaçante. De
pauvres boqueteaux, de temps en temps, tordus, rabougris, penchés vers la terre, accen-
tuent la pénurie totale. Nous passons à gué
des ruisseaux, qui se perdent à moitié dans
les sables. Et quel gué ! Une montagne russe
dans toute sa rigueur. Peu à peu, cependant,
la citadelle d'Astura se détache sur le ciel, au
milieu des flots. Nous la contournons, et c'est du
côté de Terracine que, enfin, nous l'accostons.

Astura, mala terra, maladetta! Mauvaise terre maudite ! écrit Malaspina, le Froissart de l'Italie. Et pourtant, Astura, au temps de l'Empire, n'était-elle pas prospère? N'était-elle pas le prolongement d'Antium? Oui. Cicéron y avait un bien ; Tibère y prit la fièvre qui devait l'emporter. Si donc Astura comptait parmi les villes de luxe des Romains, c'était un peu comme nos plages modernes qui ourlent les flots, sans rien changer à la nature qui les entoure, telle que les siècles l'ont faite. Allez, un jour, là-haut, derrière Boulogne et Calais. Au bord de la mer, le luxe moderne et ses bruits. A cent mètres dans les terres, le morne désert des dunes que gratte sans espoir un peuple besogneux. Ainsi fut toujours Astura, la voisine d'Antium ; les champs (la fièvre de Tibère et de Caligula le prouve) n'ont jamais participé à la prospérité des rives.

Du petit rocher qui s'avance vers la mer, un pont bas se détache. Au bout de ce pont, au milieu des flots, la vieille forteresse, nommée Astura, vogue comme une barque à la chaîne. Entre elle et la rive, à fleur d'eau, des bases de brique signalent une construction romaine d'autrefois. La villa de Cicéron, dit-on. On n'en sait rien, d'ailleurs. Cicéron possédait ici des terres, des troupeaux aussi, quelques pi-

nèdes; et son domaine, c'est sans doute celui
même du prince de Nettuno qui m'accueillit
à la villa Borghèse. Que suis-je venu voir ici?
Un tel désert, une telle viduité? Tant de kilomètres à travers les herbes, les reins meurtris,
et la perspective du retour parmi les miasmes
du soir tombant, dans le but de regarder un
fortin où veillent des douaniers!

Pour éviter de plus grandes fatigues encore,
je ne sacrifierais pas, pourtant, le quart d'heure
que je passe appuyé sur le parapet du pont
d'Astura. Car ici se joua le dernier acte d'une
tragédie dont j'ai lu les premiers lors de mes
courses en Italie méridionale et en Sicile, et
dont je vis l'épilogue, à Naples, au Mercato
Vecchio où se dressa le billot de Conradin, la
grande et fabuleuse tragédie des Normands.
Cicéron partit aussi d'Astura pour aller mourir à Formies; ce n'était qu'un accident.
Lorsque Conradin vint ici, ce fut pour mettre
le point final à tout un cycle d'histoire, à une
aventure qui, si Conradin avait vécu, pouvait
changer la face du monde. Cicéron aurait
vieilli, honoré, sans rien modifier à la destinée
d'Octave. Conradin ne pouvait vivre sans per-
pétuer en Italie méridionale la puissance des
Normands, leur civilisation, leurs mœurs si
curieusement mâtinées d'orient et d'occident,

et leur art qui aurait donné une autre direction à toutes les conceptions postérieures.

Le petit-fils de Frédéric II, le neveu de
Manfred jeune homme de vingt ans à peine,
possédait toute la grâce et toute l'intelligence
de ses pères normands. Rien du Souabe en lui,
pas plus qu'en son grand-père Frédéric II, rien
d'Henry VI, encore moins de Barberousse.
Rien non plus du grand comte Roger, le premier ancêtre maternel; au soleil de la Sicile,
au raffinement de l'éducation arabe que l'idéal
normand corrigeait, l'âpreté des compagnons
de Guiscard s'était fondue. Et paraissaient en
Conradin seulement la grâce, la finesse, le
charme et la plus jolie modestie dans le courage. La dernière fleur normande, arrivée en
trois générations, depuis Constance, à sa perfection, ne demandait plus qu'à donner des
fruits. Et nous aurions peut-être vu se cons-
tituer, en faveur des Normands, ce royaume
d'Italie qui ne se fera, presque année pour
année, que six cents ans plus tard.

Lorsque mourut son oncle Manfred, le doux
et beau Conradin achevait son éducation de
bon latiniste, sous la direction de l'évêque de
Coutances, au château de Landshut, entre sa
mère Élisabeth de Bavière et son beau-frère le
comte Meinhardt de Coritz. Sa jeunesse avait

été bercée, on le devine, de chants gibelins.
Et le beau royaume, celui de ses pères, le
pape l'avait livré au barbare de Provence, un
voisin avide et dangereux. L'œuvre du prodigieux Frédéric II allait-elle tomber en poussière ? Autour de Conradin sonnent perpétuellement les airs de vengeance que lui chantent
ses oncles de Bavière. Il n'y tient plus, plein
d'ardeur lui-même. Ayant lancé un manifeste
contre Clément IV, il passe les Alpes et entre
à Vérone avec douze mille hommes que con-
duisait à ses côtés son oncle Louis de Bavière,
Rodolphe de Habsbourg, bientôt empereur,
et Frédéric d'Autriche. Il y reçut, tout d'abord,
l'excommunication du pape, anathème qui
l'eût laissé indifférent si cette violence n'avait
pas entraîné, dans son armée, des défections.
Plus de la moitié de ses soldats repassèrent les
monts plutôt que de combattre en faveur d'un
maudit. A leur tête, Louis de Bavière lui-
même. Conradin ne se décourage pas. Il arme
de nouvelles troupes, envoie à Rome son ami
Lancia qui est reçu avec empressement par le
peuple, et se dirige sur Pise où on lui rend
des honneurs royaux. Et, quelques jours
après, Conradin passe sous les fenêtres-mêmes
du palais papal, à Viterbe, menant vers Rome
et vers Naples dix mille bons Gibelins, pour

une fois défenseurs de la nationalité italienne,
champions du plus incontestable des droits.

Ainsi lesté, et bien pourvu de soldats, Conradin, accompagné d'Henri de Castille et de
son cousin Frédéric d'Autriche, s'avance, au
devant de Charles d'Anjou, plein d'espoir et
d'ardeur. Les deux armées se rencontrèrent à
Tagliacozzo, l'armée angevine commandée par
Erard, sire de Valery, retour à point nommé
de la croisade. L'armée de Conradin était la
plus forte. Erard ne pouvait vaincre que par
la ruse. Il fit revêtir un comparse de l'armure
angevine et déployer la bannière, tandis que
Charles d'Anjou se cachait avec huit cents
hommes derrière une colline boisée.

Conradin, à la vue de ce qu'il croit être
Charles, s'élance. Rien ne résiste. Les Angevins s'enfuient, laissant le pseudo-Charles
parmi les morts. Et tandis que ses soldats
poursuivent les fuyards, Conradin descend de
cheval, dépose son casque, délace son armure
et cherche quelque fraîcheur à l'ombre d'un
saule, au bord du Salto. Il n'a pas eu le temps
de boire que le cri de « Montjoie ! » retentit,
comme à Bénévent ! Charles et ses huit cents
cavaliers dévalent du bois. Henri de Castille
a beau accourir ; les troupes fraîches restent
les plus fortes. Conradin s'échappe avec Fré-

déric, et court se réfugier à Rome. Mais la nouvelle de sa défaite y est arrivée avant lui. Les Guelfes triomphent. Conradin en est réduit à se cacher dans le Colisée qu'il quitte au petit jour pour gagner Astura, où il voulait demander à Giovanni Frangipani de quoi passer en Sicile. Il se jeta dans une barque sous les murs mêmes du château dont le donjon subsiste encore, et du haut duquel je regarde cette côte si nue, peuplée de tant de fantômes. Le Frangipane, maître du lieu, bon pirate, lâche féal et aveugle Italien, lança ses felouques à la poursuite du petit bateau qui portait la fortune de l'Italie. Conradin appartiendrait maintenant au plus offrant. En vain Conradin supplia Frangipane. En vain il lui promit de l'associer à sa puissance retrouvée et d'épouser sa fille. Frangipane livra Conradin aux émissaires de l'Angevin, dont il attendait beaucoup ; et le dernier des Normands fut conduit à Naples pour y être décapité.

Il n'est rien, dans l'histoire, nous l'avons vu en Italie méridionale et en Sicile, de plus émouvant que l'aventure normande. Sauf celle de Manfred, peut-être, mort sur les bords du Volturne et dont les cendres furent bientôt dispersées, il n'est pas non plus de figure plus pure que celle de Conradin. Personne n'a pu voir, dans l'église du Carmine, à Naples, la statue de Conradin par Thorwaldsen, sans être bouleversé jusqu'au fond du cœur. C'est sur les remparts d'Astura que je dresse, ce soir, cette statue. Autour de lui, je rassemble toute la lignée, depuis les frères de Guiscard. La légende des Normands jaillit de ces marécages latins, et, avec le peuple napolitain, je pleure sur la fin lamentable de la seule race conquérante qui ait jamais su comprendre la terre qu'elle envahissait, s'y assimiler, et y faire fleurir, en quelques années, la civilisation composite qui lui convenait. Gregorovius s'émeut, lui aussi, comme chacun, de la fin de Conradin sur le rocher d'Astura. Mais Gregorovius nous dit naïvement que le nom de Hohenstaufen est la cause de son émotion. Et s'il maudit l'Angevin, c'est parce que celui-ci osa s'attaquer au descendant de Barberousse. Nous pouvons, nous Latins, manifester des regrets plus désintéressés. L'abominable lutte entre Anjou et Conradin se déroula comme entre des frères. Tous deux venaient de la vallée séquanienne, Guiscard cherchant fortune et non préméditant, Anjou bien résolu à s'emparer d'un royaume dont le seul tort était d'inquiéter la papauté. Le Saint Empire Germanique n'était plus en question après la mort de Frédéric II. Déjà, sous celui-ci, la séparation se faisait entre les terres d'Empire et l'Italie. Manfred, dont Conradin était l'héritier de fait et de pensée, avait renoncé à réunir à ses biens le domaine transalpin de son père Conrad. Le royaume de saint Louis, en tout cas, n'avait rien à redouter d'une forte Italie méridionale. La plus vile cupidité de s'emparer d'un pays heureux, organisé par d'autres, attira le frère de Louis IX, et Conradin mourut victime de la jalousie de ses frères français. Nous avons vu, autrefois, en parcourant les Pouilles et la Campanie, et en visitant Naples, le beau résultat qu'obtint Charles d'Anjou : les Jeannes d'abord, puis Aragon, puis Bourbon, histoire sinistre d'une Italie méridionale partie pour l'éclat et la prospérité, et réduite à l'abandon le plus lamentable et à la misère la plus profonde. Le 29 octobre 1268, jour où Conradin fut décapité, peut être compté pour le plus fatal de toute sa vie, par le royaume napolitain.

Le soleil baissant déjà, j'ai quitté la tour d'Astura inondée de gloire. Combien sommes-nous, chaque année, à venir ici en pèlerinage ? Il n'est pas, pourtant, pour un Français, de lieu plus émouvant à visiter, et pour un amant de l'Italie. Toute âme poétique, enfin, y trouvera, en Conradin, de quoi satisfaire ses rêves. Le doux enfant blond aux longs cheveux bouclés, aux yeux si profonds et si tendres, si beau dans sa sveltesse et sa mélancolie, tel que Thorwaldsen l'a représenté, prête à ces bords un charme ineffable. Et dès lors, en nous éloignant d'Astura, à travers la lande, sinistre par moments, ne soyons plus sévères à Charles d'Anjou... Qui sait, en effet, ce que fût devenu Conradin ? Songez ! Il n'avait pas vingt ans. La nécessité de se défendre l'eût peut-être perverti. Ayant attendri Frangipane, il se fût souvenu du péril couru. Combien de Frangipanes eût-il craint ? Contre combien d'autres eût-il voulu se prémunir ! La lâche férocité de l'Angevin a gardé à Conradin toute son innocence et sa vertu. Mort enfant, Conradin n'a pas eu le temps de devenir un homme sanguinaire, parjure, hypocrite et dévergondé. Sur son front, nous pouvons rassembler toutes les fleurs de nos attendrissements et de nos plus vertueuses aspirations. Son infortune lui vaut une piété que sa fortune n'eût pas méritée. Grâce au trépas de Conradin, le royaume normand pourra être éternellement pleuré, puisque aucune des fatales bassesses, où la puissance affermie se complaît, ne l'a souillé. Avec Conradin, se termine en beauté et en émotion, l'aventure des Hauteville, la prodigieuse aventure de Robert Guiscard et de ses frères du Cotentin français. Astura maladetta ?... Non, disons plutôt : Benedetta Astura !...

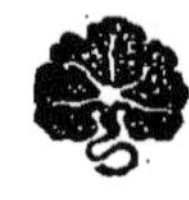

X

LE JARDIN DE CANDIDE

Subiaco.

A peine l'automobile, sortant de Rome, a-t-elle tourné derrière Saint-Laurent-hors-les-murs, que je m'écrie :

— Il avait plu toute la journée... trente mille cavaliers mordirent la poussière.

Un éclat de rire, que j'espérais, me répond ; et trois paires d'yeux de me regarder avec curiosité :

— Ceci, dis-je, est l'une des phrases les plus mémorables — à vrai dire j'en rapproche un peu les deux membres, supprimant entre eux quelques pages, — de l'*Histoire du Consulat et de l'Empire* d'Adolphe Thiers. Vous la trouverez au chapitre de Waterloo. Elle nous prouve qu'il faut surveiller nos images. Et si elle m'est revenue à l'esprit, c'est afin de remercier à ma manière le ciel qui nous permet d'accomplir cette excursion, au lendemain d'une de ces journées de pluie que Dieu envoie à Rome lorsque les étrangers n'en peuvent plus de mâcher toutes les cendres latines.

— J'avais confiance, dit l'aimable amie dont l'automobile nous porte avec autant de bonne grâce que de célérité. Le baromètre montait, hier…

— Puisse-t-il donc descendre aujourd'hui !

Le soleil, qui monte aussi, nous a mis en joie. Après la crainte qui m'a, hier, torturé, depuis le matin jusqu'au soir, je m'abandonné tout au plaisir d'être en route, enfin ! Pendant quelques kilomètres, sur la Via Tiburtina, nous allons souffrir quelque peu des ornières pleines d'eau et des lacs de boue. Les montagnes atteintes, nous roulerons à sec et nous échapperons au fléau redouté. Broyer entre ses dents, durant cent cinquante kilomètres, une poussière qui se venge d'être aussi brutalement soulevée, voilà qui, souvent, atténue l'agrément d'une « gita ». Il fait beau, les routes sont lavées, la gloire de la campagne romaine brille dans tout son éclat. Et déjà nous grimpons la colline de Tibur que nous nous félicitons encore. La villa Adriana, qui s'enfonce derrière nous, les cascades de l'Aniene, les cyprès de la villa d'Este, aperçus un instant, me ramènent enfin à des pensers moins vulgaires. Et, lorsque l'automobile, ayant franchi le chemin de fer, se lance enfin, pour ne plus la quitter jusqu'à Subiaco, dans la vallée de l'Aniene, nous voilà tous quatre au spectacle de cette Sabine horatienne, que tout cœur nourri de latine vertu ne peut voir sans s'attendrir.

C'est d'ici que partit, pour occuper le Capitole, la petite cohorte des Quirites qui prêtera son nom au grand peuple enfant. Numa et Ancus descendaient de ces rochers, et Tibur peut partager avec Albe la gloire d'avoir donné le jour à l'empire. Je vis autrefois ces montagnes, lorsque j'allais de Terni à Aquila, mais leur autre versant ; je les vis sauvages, sèches si ce n'est arides, imposantes mais sans grâce. Sur ce versant-ci, qui regarde le midi, elles ont encore plus d'ampleur et une générosité plus abondante. La vallée de l'Aniene se réduit à une gorge profonde et resserrée, où les cultures ne trouvent aucun terrain pour s'étendre. Elles grimpent le long des flancs abrupts où la route et le chemin de fer se sont taillé leur voie. La route, c'est la vieille Via Valeria, que suivait Néron lorsqu'il se rendait à sa villa de Subaqueum, la Subiaco d'aujourd'hui. Il longeait, comme nous faisons, l'Acqua Claudia, à mi-côte, en terrasse au-dessus de la petite rivière, parmi les champs d'oliviers et de vignes. Sur la rive droite, où nous restons, ceux-ci sont plus nombreux que sur la gauche où les bois de chênes et de châtaigniers dominent. Mais la beauté présente ne réside pas dans la fécondité, si elle lui emprunte beaucoup de charme. Elle est toute dans les formes générales, dans les lignes, dans les croupes et les pics qui se chevauchent et luttent au plus haut. Non point par plans successifs, mais comme par bonds, le rocher s'élève de plus en plus, ouvert par endroits pour laisser voir, derrière lui, d'autres sommets encore. Les arbres poussent jusque sur les pointes extrêmes; certaines en sont totalement couronnées. A chaque tournant, un aspect nouveau se présente, reliés entre eux par l'étroite rivière, tous différents par les effets de moissons, de bois, de rocs qui s'alignent. Et, tous verdoyants, ils tirent cependant de la fraîcheur de l'Aniene un air de prospérité semblable, de fraternité. Çà et là, des villages perchés sur les sommets, au nom qui annonce Subiaco : Castel Madama, Vicovaro nous rappellent la puissance féodale de l'abbaye bénédictine, une des plus puissantes de toute l'Italie.

Bientôt, au delà de Vicovaro, une vallée s'embranche, celle de la Licenza, autrefois Digentia. Cette vallée est riche, verdoyante, plus aimable peut-être que celle, sévère dans sa générosité, de l'Aniene. Du moins, elle nous le paraît ; le même nom est venu sur nos lèvres. L'ombre champêtre d'Horatius Flaccus a passé au-dessus de nos fronts. Ce chemin, que nous venons de couvrir jusqu'ici, c'est celui de l'ami de Mécène, du chantre de Lalagé, *satis beatus unicis Sabinis !* Et cette vallée de la Digentia, il la possédait. Toute ? Oh ! ce serait offenser sa fine mémoire que de lui attribuer toutes ces somptueuses et abondantes collines. L'abbé Capmartin de Chaupy eut, un jour, la fortune, au xvIII[e] siècle, de découvrir la petite villa fraîche et simple où le modeste Horace se contentait de paix et de bien-être : *Continui montes, nisi dissocientur opaca valle,* « montagnes continuës que sépare à peine une fraîche vallée », et toute cette seizième épître du premier livre, aux vers fluides et fermes à la fois, tendres et glorieux comme était l'âme du poète, sages comme lui dans l'élégance du sentiment et son juste équilibre. Horace invoque la verdure de Tarente pour l'ombrager. Combien je la vois sur son front en couronne de Grèce ! L'aimable Chaupy, les épîtres et les odes en main, parcourut ces lieux pleins de douceur et de charme ; et, derrière lui, vint Gaston

Boissier, aussi pieux s'il était moins naïf. Le vieux professeur rapporta de son exploration, conforme, dans ses résultats, à celle de Chaupy, non seulement un livre charmant, qu'il faut toujours relire, mais la douceur mélancolique, la tendresse émue qui lui fera répéter sans peur comme sans fadeur : *Eheu ! fugaces, Postume, labuntur anni !* Elles ont passé les années, et nous venons, derrière notre vieux maître, revoir les lieux délicats, désormais immortels, où les hommes aimeront à se rendre, tant qu'ils garderont le sens de la poésie, de la beauté.

La vallée de l'Aniene, cependant, s'est élargie. La rivière traverse ici, entre Mandela et Marano, ce dernier ancien château bénédictin comme Vicovaro, la vallée traverse le fond d'un lac à moitié desséché qui paresse mollement, caressant sur ses rives mille fleurs du printemps. Les montagnes se sont écartées pour permettre aux eaux de jouer un peu, de se reposer, et à elles-mêmes de détendre leur effort acharné. Oasis de verdure claire au milieu du noir des sapins et du gris des oliviers, la vallée, que domine Anticoli, ancien château féodal, lui aussi, perché à plus de trois cents mètres au-dessus de nous, la vallée s'arrondit, s'étend en tapis où se reposent des troupeaux. Vingt

petits ruisseaux courent parmi les hautes
herbes de mai, portant à l'Aniene leur part de
sources. Des saules, des chênes-verts çà et là
scintillent et se balancent, abritant quelques
cabanes, un bœuf aux cornes démesurées, un
enfant qui nous regarde et nous salue. A Marano, la montagne se resserre ; puis, le village
passé, elle s'élargit de nouveau, moins cependant, jusqu'à Agosta, château frère d'Anticoli,
après lequel elle s'élargit une troisième fois,
mais un peu moins encore ; et ce sera ainsi
jusqu'à Subiaco, où nous arriverons suivant
toujours ces aspects ondulants, tour à tour amples et contraints, comme le flot soulevé et qui
retombe, comme un chant qui se gonfle et
s'apaise, se précipite et s'épand en longues har-
monies, comme les vers mêmes du poète, alors
que les accents épiques du *Carmen seculare*
alternent avec les grâces de Néère.

A Subiaco nous stoppons enfin. La ville est
accrochée au rocher, ses rues calamiteuses
grimpant rageusement vers la vieille cidatelle
où Rodrigue Borgia, cardinal-abbé de Subiaco,
récoltait une partie de l'abondante moisson de
scudi dont il paiera son élection au trône pontifical. Les abbés-barons l'habitèrent aussi
laissant le couvent à leurs moines ; mais Subiaco dédaigne aujourd'hui la gloire de cette

puissance séculière pour se réclamer justement
de sa gloire monastique. Nous aussi, ne prenant de la ville que sa monnaie temporelle
sous les espèces nourrissantes, nous gravissons
bientôt les sentiers brûlés de soleil qui con-
duisent au berceau religieux du grand Benoît,
du père de cet ordre des bénédictins à qui,
on ne doit jamais l'oublier, les âges ont dû et
devront toujours en partie, en dépit de la pro-
testation de Michelet, l'enivrante culture qui
nous a procurés, ces derniers jours et tout à
l'heure, de si attendris souvenirs. Et c'est surtout pour ceux-ci que nous entrons à Sainte
Scholastique, bien plus que pour sa beauté
intrinsèque.

Là se réunirent les premiers disciples de
Benoît. Là se forma la première congrégation,
la première congrégation catholique du moins,
puisque, en Italie méridionale, depuis cent ans
déjà, saint Nil, venu ensuite à Grotta Ferrata,
avait fait fleurir ses monastères basiliens. La
« maison mère » du monachisme d'Occident
ne se souvient pas des temps primitifs, sauf
en quelques débris sans éclat. Et le couvent
modernisé reste tout sentimental. Avec quelle
force, du moins ! Rien n'a changé du paysage
que Benoît choisit pour y bander sa grande
âme. La gorge de l'Aniene s'est définitivement

resserrée. La rivière n'est pas très loin de sa source, et elle se contente d'un étroit sentier pour sa marche. Sainte Scholastique se tient en équilibre sur ses flancs à pic. Tout à l'entour de la petite plate-forme où elle s'est assise à demi, tout autour menace le roc gris couvert de chênes. Subiaco se dresse à droite, en aval, bien ouverte et plate au regard de ces précipices. Benoît partit d'ici pour Mont Cassin, à la recherche de plus inaccessible encore. Il le trouva, mais non plus sauvage ni plus désert. Peut-être voulait-il fuir aussi les ruines de la villa de Néron qui se dressait en face ? Ces ruines devaient, sans doute, lui inspirer quelque orgueil funeste, celui de la victoire. Les filets d'or au moyen desquels Néron pêchait les truites de l'Aniene, ne prenaient plus depuis longtemps que des âmes.

Ce n'est point, d'ailleurs, à ce couvent de Sainte Scholastique, que Benoît aborda, arrivant du siècle, mais plus haut encore, à ce qu'on nomme aujourd'hui le *Sagro Speco,* la grotte sacrée. Venu d'Orient, le monachisme commençait en Occident comme il avait débuté en Asie et en Afrique, par un solitaire dont la réputation de sainteté attirait. Suspendu littéralement à la paroi du roc, derrière Sainte Scholastique, un second couvent renferme dans ses murs la première retraite de Benoît. Farouchement seul, le saint se fiait au Seigneur pour sa nourriture, et à la bonté de quelques bergers. Un système de corbeilles suspendues à des cordes, une organisation fort bien entendue de corbeaux messagers et porteurs, assuraient ses relations avec le monde. La nouveauté était grande. La contrée s'en émut, vint regarder le saint homme. Des jeunes gens s'enhardirent, et il arriva ce qui était arrivé tant de fois aux bords du Nil : une petite cité, avec ses passions et ses misères, se forma autour de l'anachorète. Le clergé séculier ne pouvait approuver une manière de vivre qui se trouvait dans une telle opposition avec la sienne. Le bon sens du prêtre qui s'accommode de la société au lieu de la renier, apportait une excuse trop facile à l'hostilité intéressée. Des complots se formèrent, excusables par le sentiment humain sur lequel ils s'appuyaient, infâmes par les vulgaires jalousies qu'ils concrétaient et par les moyens dont ils usaient. On essaya de tout pour décourager Benoît et ses frères, toutes les farces les plus grossières, tous les pièges du démon. Et, un beau jour, le « curé » de Vicovaro, la ville voisine, envoya à saint Benoît sept femmes nues qui le provoquèrent. Et c'est l'épisode peint à

Monte Oliveto par Sodoma que l'on obligea, ensuite, à habiller ses femmes. Benoît aurait pu invoquer, contre le trop jovial desservant, le témoignage même de ce piège. Car, comme le disait tout à l'heure l'un de nous, que doit-on penser d'un prêtre qui peut ainsi disposer de sept femmes nues? Benoît, plutôt que de susciter un scandale, préféra s'en aller. Et Mont Cassin ravit à Subiaco la gloire de saint Benoît triomphant.

Subiaco subsista après le départ de saint Benoît; et il se développpa, tout comme Mont Cassin après la mort de Benoît. La souplesse des sociétés est infinie; elles tirent à elles, à leur profit, les armes mêmes forgées contre elles. Subiaco et Mont Cassin étaient nés du désir fougueux qui possédait certains hommes de s'abstraire du monde, de l'ignorer en faveur de leur propre perfectionnement. Benoît, du haut du ciel, put voir la vanité de son effort. Subiaco et Mont Cassin suivirent la loi générale du développement social de l'Italie, du monde européen au moyen âge. Partout, autour d'eux, se formaient des principautés, des domaines temporels basés sur la force matérielle, sur la conquête, sur l'intrigue, sur le luxe, sur la richesse. Les couvents suivirent l'élan général; ils devinrent de véritables gou-

vernements séculiers; ils se mêlèrent à toutes
les querelles civiles et politiques, s'agran-
dirent, dominèrent, exercèrent une laïque
royauté chez eux et autour d'eux; les abbés
partirent en guerre, eurent de scandaleuses
amours, amassèrent des trésors. J'ai vu tout
cela autrefois à Mont Cassin et à Capoue. Ce
serait répéter la même histoire que de le rappeler ici. Et tandis que les principautés sont
peu à peu absorbées par des puissances plus
grandes, Mont Cassin par les Lombards puis
par l'Empire par exemple, Subiaco est em-
portée elle aussi par un royaume plus puissant; Subiaco devient un fief que les papes
donnent en garde à leurs créatures, à ceux
dont ils ont besoin pour leurs ambitions tem-
porelles. Subiaco forme un domaine comme
toutes les abbayes du monde entier, que l'on
se dispute, dont on jouit et que l'on vend.
L'œuvre de Benoît reste loin de l'idéal rêvé
par le saint homme. Mais de même que dans
les principautés laïques, sous le seigneur
avide et voluptueux, un peuple obscur travaillait au progrès humain, de même, sous
les abbés ambitieux et frivoles, priait et étu-
diait une cohorte de moines modestes et re-
nonçants. C'est à Subiaco que l'imprimerie
vint directement d'Allemagne; c'est à Subiaco

que les premiers livres furent imprimés en Italie, Lactance, le *De Oratore* et la *Cité de Dieu* que l'on vient de nous montrer. Et ainsi, en dépit de Benoît, en dépit des princes, pour tout dire : en dépit des hommes, l'humanité fit son chemin, prenant de toutes parts, prenant de toute main, pour son perfectionnement, pour la civilisation.

Nous avons besoin de toute la vigueur de ces souvenirs pour nous aider à monter au *Sagro Speco*. La tâche est rude sous le soleil de midi qui nous brûle. Elle est pénible aux pieds qui se blessent à toutes les aspérités du roc où le sentier est taillé. Un peu mornes, nous réfugiant dans nos rêves, indifférents presque au spectacle de la gorge si profonde et si verdoyante, et d'où montent tant de bruits divers, depuis les chants d'ivrogne de Néron jusqu'à la chanson des eaux, en passant par les hymnes de Benoît et les cris de guerre des Colonna, nous grimpons vers le second couvent, d'une audace effarante. Son abord est trompeur, un petit bois de chênes-verts qui nous rafraîchit et nous rassérène. Au bout, une poterne ; derrière, un escalier de donjon ; et le couvent s'allonge sous la roche qui le surplombe, penche, penche au-dessus de lui sa menace éternelle. Éternelle ? Rien n'est éternel, et cette roche moins que

rien encore. Elle tombera un jour, bien certainement ; et ce qu'elle écrasera, c'est un
touchant souvenir.

Au-dessus de minuscules jardins en terrasses, et qui dégringolent jusqu'au fond de la
vallée, d'immenses arcades de soutènement
portent deux étages plats de cellules. Entrer,
c'est littéralement pénétrer dans le roc même,
dans une caverne. Un étroit couloir, serré
contre le roc, et ouvrant sur l'abîme, conduit aux chapelles. La première est grande.
Des peintures, relatant la vie du Christ et
celle de Benoît, l'ornent tout entière, et
qui doivent être de l'école de Sienne. A gauche, au pied du chœur, un sombre balcon
conduit à une autre chapelle, caveau véritable
où scintillent des ors et des images. Un escalier descend à une troisième chapelle, elle
aussi toute peinte de fresques par un certain
Conxolus, prédécesseur de Cimabue, tout
byzantin encore. Et déjà je m'apprête à pousser plus loin dans la nuit des grottes, lorsqu'un
chant retentit. Une porte s'ouvre. Une théorie
de moines s'avance. Indifférente à notre
trouble, elle passe, traverse la chapelle, et
disparaît, comme si elle entrait dans la montagne. Mais voici que, là où les pères se
sont évanouis, des lumières paraissent, des

points dorés brillent, la noirceur du rocher s'éclaire à demi et les psalmodies retentissent. Je m'avance, me heurte à une grille. J'écrase mon visage sur celle-ci, et le spectacle est magnifique de ce lieu suintant, glacé, de ces voûtes pendantes, affaissées, de ces cierges, de ces lampes avares et de ces formes noires dont les yeux sont les seuls points visibles, à l'égal des cires sacrées. La grotte de saint Benoît devait être ouverte au soleil, alors qu'il l'habitait, le couvent qui la protège ayant été construit plusieurs siècles après sa mort. Combien elle me paraît, cependant, plus belle ainsi fermée, nocturne, retranchée du monde, plus conforme à l'âme du farouche solitaire! Il n'y trouva pas la paix. De nos jours, le grand romancier italien, Antonio Fogazzaro, sous les auspices de son *Saint,* vint chercher la concorde à Subiaco. Son cœur généreux voulait concilier les inconciliables; son héros Benedetto mourut à la tâche stérile. Et le paysage de cette vallée subsiste au-dessus des ruines du rêve poursuivi par Fogazzaro. De son effort catholique, il reste une page de littérature, un chef-d'œuvre. Ainsi la vie fait son choix. De ma visite, quelle est la récolte?

A Mont Cassin, je n'entendis d'autre voix que glorieuse. A Subiaco, j'entends la pure

voix de la soumission au destin. Fogazzaro se
soumit dans l'éternel regret de son rêve manqué ; Benoît renonça au monde ; et l'œuvre
bénédictine n'est-elle pas là pour me dire que
le siècle est plus conforme à la destinée des
hommes ? Je ne sais ; peut-être... mais quand
même ! Je ne veux pas juger, mais sentir. Et ce
que je sens, devant ce trou piqué de flammes,
c'est l'héroïsme de l'homme lorsqu'un pur
dessein le conduit. Il est beau, toujours, de
s'abstraire, de donner au monde un exemple
de fermeté, de vertu. Ne condamnons pas ceux
qui se sacrifient. Ils ont peut-être tort dans le
présent ; ils ont raison dans leur partie, si
petite qu'elle soit, de futur. Et leur erreur fera
notre vérité, si nous savons plier à nos besoins
les excès eux-mêmes : ne redoutons jamais
qu'ils soient trop pleins de vertu ! Si les ab-
négations et les retraites, souvent pusillanimes,
par trop faciles aussi, et d'une fuite quelquefois
lâche des devoirs les plus certains, si ces ab-
négations d'un Pietro Maironi, ces retraites
d'un Benoît nous choquent, ou, plus simplement, si nous ne les sentons pas conformes à
nos moyens de pauvres pécheurs, à nos conceptions de rêveurs sans foi, tirons l'enseignement qu'elles dégagent, et qui est de nous
retirer souvent en nous-mêmes pour cultiver

les nobles fleurs étouffées souvent par les ronces et les chardons. Faites oraison ! conseillait un jour Ernest Renan. De nos oraisons peuvent découler bien des conséquences que nous ignorons. Sans espoir personnel, sans cónfiance en une récompense quelle qu'elle soit, suivons la voix de notre conscience, cet obscur instinct qui ne trompe pas, celui qui inspirait à Candide, après tant d'expériences malheureuses, de contradictions et de vicissitudes, de se contenter, sans l'enfantillage d'espoirs ou de regrets, de cultiver son jardin qui profitera de ses soins, à sa façon, indifférent aux desseins qui le firent ensemencer.

XI

LA VILLE DANS LE TEMPLE

Palestrina.

CHANTONS l'automobile ! Voici bien des années que je me promettais cette visite à Subiaco, et ce trajet de Subiaco à Palestrina, trajet qui sera accompli tout à l'heure si Michelin ne ment pas en ses affiches. Et chaque printemps je reculais devant la nécessité de deux couchers dans des pays aussi peu confortables que magnifiques. Partis ce matin de Rome, nous roulons maintenant sur la route de Subiaco à Olevano où nous serons dans une heure ; vers quatre heures, nous toucherons à Palestrina, et nous pourrons ce soir, sur le coup de dix heures, éblouir les salons romains, les dames de leur corsage, les hommes de leur plastron, non sans avoir, en route, pris notre thé au train de quarante à l'heure. Dans une dizaine d'années, les voyageurs qui nous succéderont, ne penseront pas à remercier le dieu du cylindre, de la soupape et de l'air comprimé. Que du moins ces lignes, si elles leur tombent jamais sous les yeux, les rappellent à la gratitude. Car si les Romains vantent beaucoup ce paysage de l'extrême Sabine, il ne faut pas les pousser beaucoup pour leur faire avouer qu'ils en parlent surtout par ouï-dire. De temps en temps, l'un d'eux, intrépide, se décide à rafraîchir les souvenirs communs. Il part, marche ou pédale, attrape des puces et revient avec de belles images, lyrisme et clichés photographiques mêlés, dont il renouvelle l'enthousiasme de tous, tandis que l'étranger aux écoutes subit le supplice de Tantale. Mais l'étranger est prompt à l'automobile : c'est Hercule, qui tua le dragon aux cent têtes, fils de la Terre, gardien du jardin des Hespérides. Et le voici qui offre au Romain les pommes d'or de son exploit.

Nous rapporterons ce soir un panier plein, si j'en juge par les premières branches. A peine avons-nous franchi l'Aniene que la route commence à grimper les pentes des monts Affilani, laissant derrière elle le ruban couleur de ciel de la petite rivière, sa chanson et ses fraîcheurs. Subiaco s'abaisse peu à peu, sans rien perdre de ses imposantes manières, plus noble au contraire, sa pyramide, que surmonte

la vieille forteresse, prenant une base plus
large, plus profonde, jaillis tous deux, rocher
et ville, des entrailles mêmes de la terre. Les
montagnes s'étendent, elles aussi, offrant aux
regards des flancs de plus en plus nombreux et variés. La vallée fuit peu à peu sur
notre droite, pour faire place aux caprices
divers des montagnes entassées sans désordre.
Nous avons atteint bientôt l'altitude de cinq
cents mètres, où Subiaco a renoncé depuis
longtemps à monter avec nous. De là, nous
dominons toutes les pentes de la Sabine, et
nous pensons qu'il fallait à Horace la perversité
de l'accoutumance pour qu'il n'en célébrât que
le charme. Horace, il est vrai, venait de la
triste Basilicate, des confins de l'aride Pouille,
et la fraîcheur verdoyante de ces chaînes devait le frapper davantage. Tout de même, il
aurait pu en sentir la grandeur. Et il est certain, en tout cas, que ses vers ne sauraient
nous donner une idée de la majesté que
respirent ces lieux. Le paysage est considérable d'étendue, de hauteur et de prospérité. On ne voit qu'un immense tapis de
verdures diverses descendant dans les vallées
ouvertes, et remontant vers les sommets avec
douceur. La terre ondule en longues vagues,
comme les flots après la tempête et qui re-

cherchent leur assiette. Vraiment, il y a de la superbe ici. C'est un paysage d'Auvergne ou des Alpes, généreux, aux larges bras tendus qui portent d'amples forêts et des moissons abondantes.

La route, par ses lacets, en retourne la face à chaque instant, diversifiant les effets du soleil et des nuages, jusqu'à sept cents mètres environ, où elle abandonne les terrasses de géants qui forment la vallée de l'Aniene, prend l'autre versant et se dirige vers Olevano. Sur la gauche nous avons laissé la route de Rojate que nous apercevons au loin toute noire sur son rocher. La noirceur des villages est l'une des caractéristiques de cette contrée. Il semble qu'une terre aussi fraîche et tendre doit cacher dans son sein la pierre blanche ou le marbre. Et nous oublions, un instant, sous l'ardent soleil, que la pluie est abondante sur ces hauteurs perpétuellement coulantes et détrempées. Au-dessus de Rojate, sur notre gauche, voici encore une autre coupe riche en récoltes. Des torrents y courent, petits filets sous nos pieds. Des clochers de chapelles rustiques pointent au milieu des bois ; des masures, fermes ou étables, se lamentent des hivers dont les étés ne les consolent pas ; mais toujours, au-dessus de toutes les misères, la force joyeuse des sommets de l'emporter sur toutes les tristesses dont nous pourrions être tentés. Et voici encore de nouveaux aspects lorsque la route bifurque pour atteindre Olevano.

Nous laissons derrière nous le chemin sévère de Bellegra plantée à huit cents mètres sur un pic solitaire, d'une hardiesse effarante, et nous gagnons en pente douce le sombre et riant village d'Olevano, célèbre par ses belles filles et par les verdoyantes ceintures des bois que nous longeons. Olevano occupe l'un des sites les plus aimables de la noble Sabine. C'est qu'elle en contemple les deux versants : derrière elle, les hauteurs que nous venons de quitter, la profondeur du massif sabin avec ses sommets variés et infinis ; devant elle, la dégringolade hâtive des derniers rochers vers la grande vallée du Sacco, celle-ci plantureuse à l'extrême, digne sœur de la Campanie qu'elle précède ; par surcroît le relèvement à l'horizon des monts Volsques. Et se dressent sous nos yeux les vieilles querelles latines, les Volsques et les Eques. Olevano, au temps des Eques, n'existait guère ; des bergers seulement fréquentaient les hauteurs, venus des deux bords du Sacco le long duquel ils se heurtaient, lorsqu'ils cherchaient un clément hiver et des récoltes autres que de châtaignes. Le moyen

âge revit ces disputes pour le champ prompt
aux fruits, et des villes comme Olevano na-
quirent afin de réunir, autour du seigneur
bien armé et habile à la guerre, les pauvres
gens sans défense. Olevano n'a plus à se défendre. Elle garde cependant son enceinte et
son air soupçonneux. Les beaux yeux de ses
filles aux dents blanches restent sévères. Il
semble qu'y brille toujours la flamme farouche
d'autrefois, alors que ces peuplades, pour
résister à Rome envahissante, aux voisins
avides, tombés de partout, Herniques, Rutules, Marses aussi que leur nom avait rendu
terribles — à moins qu'ils ne l'eussent reçu
parce qu'ils étaient terribles ?... Sur ces
rochers qui regardent le Sacco, les monts
Volsques et la Sabine, se sont déroulés les
âges obscurs des origines romaines, et dont
les maigres légendes reprises par les poètes
nous sont parvenues.

Ainsi que Typhon bousculait les ondes autour de l'Etna, couchait les moissons, brûlait
les chaumières, desséchait les torrents, jusqu'à
l'heure où Jupiter l'aura foudroyé, ainsi sur
ces hauteurs un Typhon aux cent têtes de
peuplades diverses cherchait à se fixer, à
prendre pied pour le profit des récoltes, jusqu'à l'heure où Rome divine lancera ses ton-

nerres et ses éclairs qui anéantiront tous ces peuples qu'elle remplacera. Les débuts des sociétés humaines ne sont guère différents des vicissitudes géologiques du globe où chaque partie est en quête de sa place au soleil, bouscule la voisine pour se mettre plus à l'aise, jusqu'à ce qu'un cataclysme, tremblement de terre, déluge ou invasion fixe enfin la forme dernière de l'assiette.

Rêvant ainsi, nous avons gagné la vallée, laissant sur notre droite Genazzano, et, remontant un peu le long des monts Prenestini, nous sommes entrés dans la noire Préneste afin de remercier, au moins de l'heureuse course, la susceptible et changeante Fortune.

Le temple, ordinairement, se dresse dans la ville. Palestrina, au contraire, est une ville entièrement bâtie dans un temple, sur lui, avec ses pierres aussi, le temple de Préneste, dédié à la Fortune. Beaucoup de villes possèdent plus de prestige, d'éclat et de trésors que Palestrina. Aucune ne peut offrir un intérêt aussi particulier. Parcourir Palestrina, en effet, c'est se promener dans le temple même, le voir animé d'un peuple pareil, si ce n'est, hélas ! orné des mêmes décors ; c'est prendre une sensation immédiate et directe de ce que pouvaient être ces monuments d'autrefois, de la vie grouillante qu'ils abritaient, de la foule ardente et misérable qu'ils contenaient. Car, pour peu que l'on ait regardé avec soin le plan même de sa visite, rues, escaliers, places, descentes, montées et carrefours, si étranges et déconcertants au premier abord, se haussent à un tout harmonieux et logique. Tout se rassemble, s'unit ; la ville redevient, à la lettre, le temple avec ses quartiers, ses accès et ses étages. Le temple occupait trois terrasses : on le voit aux trois montées de rues serpentantes et d'escaliers rapides, menant tous à des places larges et décorées de ruines. On le voit à l'équilibre même de ces voies diverses de chaque côté de ces espaces ouverts ; elles se répondent exactement. On le voit aux édifices superposés en ligne droite au-dessus des terrasses centrales, à la ruine de l'un, à la forme conservée de l'autre. On le voit, enfin, à mille détails qui paraissent anormaux pour une ville, détails d'escaliers, de voûtes, d'angles, de ces riens qui, dans un monument, se justifient, et qui, dans un bourg, ne peuvent, à aucun degré, invoquer une raison d'être. Via della Fortuna, un vieil escalier subsiste et dont on se demande l'usage si l'on ne s'aperçoit qu'il devait relier deux lacets, tous deux cachés sous des maisons aujourd'hui. La Via di San Biagio n'est, au-dessus d'une petite place à l'extrémité de la ville, qu'une rampe à degrés aboutissant à la partie la plus importante et la plus élevée de l'enceinte, celle où nichait la déesse.

Au bout d'une demi-heure de marche à travers Palestrina, peu à peu le temple se reconstruit sous les yeux, se développe et s'ordonne. Murs de tomber, colonnes de rejaillir, escaliers et chemins de rejeter leurs encombrements. Si l'on monte alors au balcon de la villa Barberini qui occupe la place même de l'abside dont elle a gardé la forme, sous les pieds s'étend une ville en un seul monument dont on lit clairement le dessin : les trois terrasses bien accusées, les lignes droites des grandes voies solennelles et lentes se rejoignant à angle aigu, et réunies entre elles par les escaliers impatients. On peut raser Palestrina; si on laisse sur le sol des lignes blanches indiquant le tracé des maisons abattues, on pourra, monté sur une tour, déchiffrer le plan du temple.

Mais que ne voyait pas la déesse du haut de son abside et que ne vois-je pas comme elle le voyait, intact cette fois, toujours pareil? En bas, devant le rocher même taillé pour la divinité, la généreuse vallée du Sacco, toute verte, pleine de boqueteaux et de moissons. A droite, toute la campagne romaine brille entre la Sabine et les monts albains, laissant scintiller le dôme de Saint Pierre et les neiges de Soracte. En face, les hauteurs champêtres de Frascati et de Rocca di Papa. A gauche enfin, entre les monts Albains et les monts Lepini, une étroite vallée, en couloir, comme le tube d'une lorgnette, conduit le regard sur les plaines de la Maremme, sur les marécages d'Astura, jusqu'à la mer que la petite ligne verte du couchant sépare seule du ciel azuré. Là où je suis, une lumière éclairait les nuits. Les marins, au large, la voyaient toujours, s'inclinaient et demandaient un heureux voyage. Sylla saccagea Préneste pour la punir d'avoir été favorable à Marius. Qui nous dira ce qui subsistait des amertumes latines et èques dans le cœur des Prénestiens amis de Marius? Ils se rappelaient les temps que Virgile va bientôt chanter : « *Pandite nunc Helicone, Deae* ! Voici le fondateur de Préneste, roi-pasteur né de Vulcain, et trouvé, dit-on, sur la pierre d'un foyer, voici Cecolus. Ses sujets, pasteurs aussi, sont avec lui, enfants de la haute Préneste; des terres que protège Junon Gabienne, du froid Anio, et des monts

Herniques fertiles en sources... Ils portent de fauves coiffures faites d'une peau de loup; leur pied gauche est nu tandis qu'un cuir épais protège le droit ». Sylla fit massacrer tous les habitants de Préneste, coupant les bras, les jambes, le nez, arrachant les yeux. Et ceux qui ne furent pas ainsi mutilés, furent vendus à l'encan. Puis, pour éviter tout retour, Préneste est rasée et le temple de la Fortune la remplace. La belle mosaïque que l'on voit au palais Barberini en faisait partie, si elle ne saurait dater de plus loin qu'Hadrien.

Elle est, cette mosaïque, à peu près tout ce qu'on a laissé, si ce n'est trouvé, d'œuvres d'art à Palestrina. Les musées de Rome sont pleins d'objets ramassés dans les caves de cette ville. Le plus célèbre est le fameux *Ciste Ficorini* du musée Kircher, à Rome. Plus tard, les Barberini apportèrent dans leur chapelle, que Bernin décora de tombeaux, un marbre inachevé de Michel Ange, une *Pietà* qui me semble l'œuvre la plus tragique sortie de ces doigts farouches. Mais le génie de Michel Ange lui-même ne parvient pas à nous distraire de la ville elle-même, de ses rues sordides, de ses maisons noires, de ses escaliers et de ses passages. Ce qu'il faudrait ici, c'est chemi-ner avec les taupes et les rats. On peut le

faire un peu, lorsqu'on pénètre, au centre de
la seconde terrasse, dans l'ancien séminaire
dont la façade encastre encore quatre colonnes qui durent appartenir à l'une des constructions composant le temple. Une cour rec-
tangulaire s'étend derrière cette façade. Elle
est plantée de bases de colonnes. A chaque
extrémité, des restes d'absides, et d'autels sans
doute, s'enfoncent sous le sol où pleure toute
l'eau de la montagne, et où se voient des fragments de pavements en mosaïque dans toute
leur vive fraîcheur. Le rocher à pic, enfin,
porte lui aussi des colonnes qui semblent
taillées dans le tuf même, et au-dessus des-
quelles verdoient des buissons. Cette cour est
un puits glacial que des masures surplombent
et regardent effarées. Ici se dressait sans
doute le sanctuaire brillant et populeux de la
déesse courtisée. Ici vivaient les prêtres, et
s'écoulait le flot des hommes pusillanimes,
enclins à se confier au hasard alors qu'ils
devraient ne compter que sur leur vertu.
Nous-mêmes qui passons, et tous nos frères,
sommes-nous bien sûrs de n'être pas semblables à ceux-là? Dans tous nos actes se trahit
une impatience d'abandon au sort obscur, et
qui est notre peur d'assumer nos propres et
directes responsabilités. Au lieu de diviniser

notre lâcheté, nous la dissimulons. Et c'est toute la différence. Providence ! Sous son nom se perpétue le souvenir de Préneste ; elle prolonge le culte de la Fortune, tour à tour favorable et hostile aux pauvres hommes avides de fuir la rigueur de leur conscience.

Cecolus, cependant, eut sa revanche. Palestrina se releva des ruines romaines, et elle devint au moyen âge un fief des Colonna, puis des Barberini. Au temps des premiers, au xvie siècle, y naquit Giovanni Pierluigi appelé par les âges, consécration suprême, Palestrina. Lorsque naquit Pierluigi, la musique religieuse se trouvait à peu près dans l'état où elle était hier encore avant les efforts de la *Schola Cantorum*. Elle se traînait dans les déformations des chants profanes ou, pis encore, dans leur appropriation, ainsi que l'on met aujourd'hui un *Tantum ergo* sous la musique dramatique de Meyerbeer ou de Saint-Saëns. Le caractère, plus spécialement populaire, naïf, de la musique profane atténuait sans doute cette inconvenance, assez grande pourtant pour que ceux qui la pratiquaient la sentissent ; on se contentait le plus souvent de chanter les airs sans prononcer aucune syllabe : la musique religieuse était réduite à de la vocalise profane. Le scandale fut

tel que le concile de Trente s'en émut : Fallait-
il tolérer ou non la musique dans les églises ?
La Congrégation réunie réclama l' « intelligibi-
lité des paroles et l'accord de la musique avec
ces paroles ». Qu'allait-on faire ? Les musiciens
se déclaraient incapables de composer une musique ainsi conçue ; les admirables paroles des
psaumes et des prières ne les inspiraient pas.

Alors s'offrit un pauvre diable, chassé quelque temps auparavant de la chapelle papale
parce qu'il était marié, et qui vivait dans une
cabane du Cœlius. Il présenta ses chants du
Vendredi-Saint, qui plurent. Et on lui confia
une messe, qu'il commença par cette apostro-
phe : « Seigneur, éclairez-moi ! ». La *Messe du
Pape Marcel* éclata triomphale. Lorsque nous
écoutons Bach, n'oublions pas que, un siècle avant celui-ci, Palestrina créa l'art musical
religieux, comme Giotto avait créé l'art de
Raphaël. Puisse notre temps voir éclore à la
Schola un nouveau Palestrina ! Demandons-le
à la Fortune.

C'est la prière fervente que nous lui adres-
sons, tandis que nous descendons les rampes
de la ville dans le temple, tandis que nous
filons, le soir tombant, à travers la campagne
romaine, où le soleil couchant incendie les
aqueducs émiettés, nimbe le vol des alouet-

tes, et magnifie les ombres des tombeaux
écroulés. Les belles hymnes à s'inspirer du
crépuscule! De la montagne de Palestrina, du
temple dédié à l'aveugle Fortune, elles descendirent un jour, toutes pleines de candeur et
d'amour. Avant que s'éteigne la ville déchue,
je jette sur elle un dernier regard, pour im-
plorer, moi aussi, la déesse capricieuse, et je
la vois qui s'enveloppe, tout entière, dans un
nuage de brume sous lequel elle disparaît.
Est-ce un présage? La Fortune se voile ; nous
refuse-t-elle l'avenir? Qu'importe sa rancune!
Demain sera riant, dit la sublime campagne
de Rome, si nous gardons au cœur la sensibi-
lité, l'émotion, la tendresse devant les miracles
de la nature, et d'où proviennent les harmo-
nies profondes et suaves de l'âme, sans lesquelles il n'est art ni beauté.

XII

LA VILLE-FLEURS

Cori, Ninfa.

QUE la science est importune ! Me voici chez les Volsques, tout comme Coriolan. Et, sachant que ce nom de Coriolan vint à celui-ci de sa victoire, j'aimerais bien que Cori ne fût que la corruption de Corioli. Devant ces remparts j'amènerais alors Volumnie, je lirais Shakespeare, j'évoquerais le *De Viris*, Tite-Live, je me livrerais à un beau parallèle entre Coriolan et Farinata dei Uberti, qui, lui aussi, se refusa à ruiner sa patrie après la victoire de Monte-Aperto, parallèle tout en faveur de ce dernier, d'ailleurs, Farinata s'étant décidé par raison et non par sentiment, tandis que, sans Volumnie, Rome était perdue. Que cela est tentant, et que la science est importune ! Il faut se soumettre. Cori n'est que Cora, et n'a rien de Corioli qui se trouvait plus à l'ouest, près de Genzano, sur les pentes des

monts Albains. C'est fâcheux, mais qu'y faire?
Au surplus Cora-Cori se passe fort bien de
Coriolan. Son fondateur nous est enseigné par
la légende, où l'histoire n'intervient pas : elle
se sent trop inférieure. Et c'est Dardanus, fils
de Coras, roi d'Italie, passé en Asie où il bâtit
Dardanias changée plus tard en Troie. Quant
à Coras, père de Dardanus, il venait d'Argos.
Virgile est bien aise de ce double lien. Enée
avait donc tous les droits ; et la conquête
des Volsques par les Romains n'était en somme
qu'une reprise, par les enfants de Dardanus,
du domaine paternel fondé par des fils d'Argos.

Que nous fait, dès lors, Coriolan? Je sens
que, sans Shakespeare, je n'en donnerais pas
deux sesterces. Car, après tout, si Coriolan
céda aux prières de sa femme, ce fut avant la
bataille. Peut-être n'était-il pas fâché du prétexte fourni à sa reculade? Pauvre sire, au
fond? J'ai presque envie de demander leur
avis aux paysans que je rencontre sur la route.
Enfants des Volsques, ils doivent avoir une opinion... Ne les troublons pas, cependant. Ils
sont insoucieux des choses graves. Ce serait
scrupule. Ils vont tout doucement, chevau-
chant leur âne, à deux souvent, et la femme
trottant à pied derrière, ainsi qu'il convient

aux nations fortes. Il y a une excuse, d'ailleurs : le cochon. Cet animal, chez les Volsques, remplace le chien de chez nous. Il
court dans les jambes de son maître, de sa
maîtresse, badine et baguenaude tout le long
du chemin, accourant au moindre appel. Et
certains, afin de se sentir tout à fait chiens,
marchent docilement, laisse au cou. Nous suivons tous ensemble la belle route ombragée qui
monte droit à la ville. Les champs d'alentour,
sur ces pentes des monts Lepini, sont fertiles.
Après avoir fructifié dans la vallée, ils font à
Cori un socle pareil, à la noire Cori qui
rappelle Palestrina, en moins sombre un peu.

Serpentant le long des premiers contreforts
des Lepini, les rues de la petite ville grimpent
vers la plate-forme où un temple, dit d'Hercule, domine toute la plaine. Un chemin découvert, en terrasse, y conduit, et la vallée
n'a rien à envier à celle du Sacco sous Palestrina. Du milieu de ce temple dorique, entre
ces vieilles colonnes toutes noires, et sous ce
fronton, je retrouve cette science de l'effet qui
est une des caractéristiques de la Grèce : et la
légende de Coras, bien que ce temple soit romain, s'harmonise avec lui. Il est à peu près,
si l'on y ajoute un vieil autel à têtes de béliers
et un candélabre que portent deux lions, il

est à peu près tout l'art que l'on peut trouver
à Cori. Ne venons point chercher ici quelque
chef-d'œuvre, mais seulement un peu de l'âme
latine. Du haut de Cori, nous ne voyons rien
qui nous flatte, mais nous voyons tant qui nous
émeut ! La vigoureuse terre latine, nous l'em-
brassons d'un seul regard depuis Anzio jusqu'au cap Circeo, dans sa générosité et sa
malfaisance. Voici, à nos pieds, le ruban des
pavés envahis d'herbes de la voie appienne,
l'illustre voie dont nous ne connaissons guère
que l'aspect funèbre, à travers la campagne
romaine ; ici la voie vivante, celle des armées
et celle des plaisirs. Le long cortège des
amants de Baia défilait devant les Lepini, sans
un regard peut-être pour ces Volsques qui
avaient, des premiers, assuré leur richesse.
Horace reste le seul témoin que nous puis-
sions consulter. Mais comme il glisse sur cette
partie du voyage ! En trois vers, il est déjà
à Foro Appio. Le courtisan restait sous le sati-
riste. Il préfère ne pas rappeler la tristesse dé-
solée de cette contrée où, malgré des efforts
répétés si ce n'est continus, la mort restait
souveraine. La voie appienne au pied des Lepini flottait sur les marais pontins.

La plaine pontine faisait la richesse du pays
des Volsques. Perchés sur la montagne comme

ils sont encore aujourd'hui, les laboureurs descendaient dans la plaine, ainsi qu'ils font toujours, pour récolter le froment et mettre les bêtes à la pâture. Cette plaine leur appartenait ; il faut croire qu'elle était riche, car Rome n'eut de cesse qu'elle ne l'eût conquise, d'Antium à Terracine. La conquête fut difficile. Denys d'Halicarnasse parle de la guerre conduite par Tarquin contre Suessa comme d'une guerre sans merci. Une fois les hommes tués, les femmes et les enfants sont emmenés en captivité. Ville et territoire sont livrés au pillage ; et Jupiter, ayant prélevé pour son temple du Capitole, sa dîme de quatre cents talents, il resta encore cinq mines à chaque soldat. N'est-ce pas ici que les Romains, lors de la guerre contre Porsenna, trouvèrent tous les vivres nécessaires au ravitaillement de Rome ? Et, d'ailleurs, c'était sous le nom de plaine pontine et non de marais qu'on la nommait alors. Lorsque la dernière heure des Volsques a sonné, Rome, afin de recruter le plus de soldats qu'elle peut, distribue d'avance les terres de la plaine pontine à ses citoyens.

N'imaginons pas, d'ailleurs, les marais d'aujourd'hui déserts, stériles, noyés. Je viens de suivre les Lepini sur la crête. J'ai regardé de haut et de loin avant de descendre. Aidé de la lorgnette et de la carte, j'ai un peu fouillé cette plaine, et j'ai été frappé de ne la point trouver complètement abandonnée aux moustiques et aux buffles sauvages, ainsi que le dit la légende ; j'y retrouve, en somme, les mêmes aspects que du côté d'Anzio et d'Astura, avec, en plus, dans les parties hautes, une culture soignée. Récoltes y mûrissent, troupeaux y paissent, et les routes sont sillonnées de chars à bœufs. Si cette terre est malsaine, elle est loin d'être aride. Une partie en est cultivée, la plus grande partie ; l'autre peut servir encore de pâture, là où règnent la tourbe et les roseaux ; partout s'y rencontre la vie.

Deux sortes de zones, en quelque sorte, se partagent cette plaine : la zone de la *palude*, et celle de la *macchia*. La première est très féconde lorsqu'elle est cultivable, et elle l'est dans sa majeure partie. Le maïs et le blé y poussent abondamment, des troupeaux de chevaux et de bœufs y trouvent subsistance toute l'année. Les canaux, datant de tous les âges, la sillonnent, et ils la soulagent un peu. Le plus considérable est celui de Pie VI, la Linea Pia, dont on suit encore le cours, entre ses lignes d'arbres et ses fosses milliaires. C'est à l'automne, au moment des pluies qui

chassent la fièvre, que le pays prend son essor
véritable. Des Abruzzes, de la Sabine, les
paysans descendent avec leurs troupeaux qu'ils
lâchent dans la *macchia*, faite de halliers épais
remplis de mares jamais desséchées, la *macchia*
qui s'étend tout le long de la mer, depuis Terracine jusqu'à Anzio, fermant aux eaux un
écoulement déjà difficile. Là, dans ces bois
courts et inextricables, et ce sont ceux mêmes
que je vis à Astura, plus trempés encore, là
vivent les buffles, amphibies peut-on dire, et
leurs bergers pareils, et qui, tous ensemble,
l'été venu, regagnent les montagnes. C'est,
pour le gros bétail, le même mouvement que
pour les moutons dans le *tavoliere*. Terre toute
entière, *palude* et *macchia*, qui ne demande
qu'à produire, et même beaucoup, dès que
les travaux d'art la déssèchent un peu ; ressource admirable aussi pour les troupeaux, et
qui nous fait comprendre, rien qu'à la vue,
pourquoi à travers les siècles tous les essais de
desséchement ont échoué : les propriétaires
n'y trouvaient aucun avantage. Que leur faisait la fièvre, puisqu'ils n'y résidaient pas ?
Et la seule tristesse de cette table lisse de la
palude, partant du pied des monts pour aller
se heurter à la *macchia* après dix kilomètres
sans un ressaut, sa tristesse est tout entière

dans les vols empoisonnés que l'on y laisse tournoyer.

Il fut un temps, paraît-il, où l'eau n'était qu'abondante, sans excès. Sans doute, alors, les Lepini et tous les monts d'alentour étaient couverts de forêts. Les eaux, bien retenues, coulaient doucement, peu à peu ; le soleil, aidé par quelque industrie des hommes, avait le temps de pomper. Il fallut toujours, et en tout cas, une attention continue pour garder les ruisseaux libres. Lorsque, par suite de la dépopulation, les bras manquèrent, les marais se formèrent. Plaine riche, la plaine pontine, grenier des Volsques, souffrit de la guerre sauvage que Rome fit à ses propriétaires. Rome extermine les Volsques tout comme elle extermine les Étrusques. Elle fait la solitude pour faire la paix. Il y eut certes, ici, de l'eau, toujours ; il est évident qu'un golfe s'y prélassait. La mer retirée, les eaux de la montagne remplirent le sous-sol, qui devint tourbière. Puis des lacs apparurent sur les points les plus bas ; des étangs suivirent, et, là où la mer amassait un peu de sable, la *macchia* grandit, à l'ombre de laquelle les eaux stagnèrent. *Palude* et *macchia* s'accrurent ; les latifundia les favorisèrent. Cela commença dès la fin de la République.

Déjà Appius Claudius, celui qui a donné son
nom à la voie appienne, en même temps que
tracer celle-ci fit creuser des canaux nombreux et profonds. C'était au ive siècle avant
Jésus-Christ; Rome eut bientôt des soucis plus
pressants. Les eaux ne tardèrent pas à reprendre leur empire. En 158 av. J.-C., le consul
Cornelius Cethegus remit en état l'œuvre de
Claudius, et reçut, pour sa récompense, une
partie du territoire désséché par lui. Cent
ans encore passèrent. César, se rendant à
Brindes, voit la désolation pontine, et il songe
aussitôt à des travaux magnifiques. S'il avait
été modeste, peut-être aurait-il accompli
œuvre utile. Mais il ne rêvait rien moins que
de conduire ici le Tibre, et jusqu'à Terracine,
le Tibre qui aurait absorbé toutes les eaux,
prenant la place du canal de navigation d'aujourd'hui. Dion et Strabon nous disent qu'Auguste reprit les travaux. « On a creusé, auprès
de Terracine et de la voie appienne, un grand
canal qui est rempli par les rivières et les marais, sur lesquels on navigue principalement
la nuit, afin que, après s'être embarqué le
soir, on en sorte le matin pour continuer sa
route sur la Via Appia, et quelquefois aussi
pendant le jour ; on fait tirer les bateaux par
des mulets ». Plus tard, Trajan fit accomplir

dès travaux de voirie, qui permettaient les approches à la culture, travaux assez considérables. Et l'on recommençait toujours. Théodoric seul, qui avait abandonné les marais à Decius, à condition qu'il les desséchât, Théodoric seul semble être arrivé à un résultat complet — qui ne fut pas durable, par la faute des temps bientôt replongés dans la barbarie.

Lorsque les papes commencèrent à être des rois, ils se préccupèrent de cette partie déshéritée, et si bien faite pour s'enrichir, de leur royaume. Le premier qui y travailla fut Boniface VIII, dès les premières années du xɪvᵉ siècle. C'est grâce à ses canaux que toute la partie supérieure des marais, entre Sermoneta et Sezze, est cultivable encore aujourd'hui. Et, puisque ça allait mieux, on en resta là. Ça alla plus mal, naturellement. En 1417, Martin V, qui était Colonna, c'est-à-dire d'une famille dont les domaines s'étendaient au-dessus de ces marais, fit creuser un canal considérable, qui, par suite de sa pente trop faible ne rendit pas ce qu'on en attendait. Les successeurs de Martin se désintéressèrent, au moins pratiquement, de la question. Léon X, en 1514, trouva un expédient qu'il crut ingénieux ; il donna les marais à Julien de Médicis ; celui-ci se contenta de dessécher la partie qui pouvait lui rapporter, sans s'embarrasser de travaux qui ne serviraient qu'aux autres. Sixte-Quint, vers 1590, essaya de remédier à cette négligence ; il y réussit en partie. Sixte mort, les canaux se bouchèrent de nouveau et il fallut recommencer.

Urbain VIII, Innocent X, Alexandre VII, Innocent XI, Innocent XII, Clément XI, Benoît XIII s'agitèrent beaucoup et ne firent, au total, rien. Clément XII se montra plein de bonne volonté. Il se heurta à la routine d'abord, à l'appétit des compagnies rivales disposées à l'entreprise ensuite, aux propriétaires enfin qui se contentaient de ce qu'ils avaient, pâturage, chasse et pêche. Pie VI s'en occupa plus sérieusement, et on lui doit, en plus de la Linea Pia, œuvre impeccable, la réfection de la voie appienne, qui joue aussi le rôle de barrage. Napoléon enfin dirigea de ce côté l'activité de son préfet de Rome, le comte de Tournon. Des canaux furent désobstrués, des ponts construits, des digues élevées : « en deux ans, dit M. Louis Madelin, l'auteur de *La Rome de Napoléon*, la France avait rendu à la culture et à la vie le quart des marais Pontins ». Puis tout retomba comme avant, jusqu'à nos jours où le gouvernement actuel étudie divers projets. Nul doute qu'il n'aboutisse, lorsqu'on voit tout ce qu'il a fait, depuis cinquante ans, d'un pays qui lui échut aussi dénué de tout ce qui constitue la civilisation et le progrès. Il ne faut pas oublier, toutefois, que de tous ces travaux entrepris, abandonnés, repris, il est toujours resté quelque bribe, et que, si les marais pontins ne sont pas encore redevenus la plaine pontine des Volsques, ils n'ont plus un très grand effort à faire pour la redevenir. Seules, je le crains, y manqueront toujours les vingt-quatre villes dont parle Pline ; mais vingt-quatre fermes y tiendront bien.

Voilà ce que j'ai su. Qu'est-ce auprès de ce que j'ai vu ! Je voulais parcourir un peu ces marais, tâcher de me rendre compte des choses, voir les canaux antiques et les modernes, patauger enfin dans le marécage de ma naïve ignorance. J'ai donc descendu la montagne, et j'ai dit au cocher :

— Allons à Ninfa !

Je n'ai pas prononcé ce nom tout à fait sans raison. On m'avait prévenu à Rome que cette Ninfa, au nom si doux, était curieuse à voir au printemps. Elle me fournissait donc un point de repère, un but dans ces plaines où je ne savais quoi choisir. Mais combien peu je m'attendais à ce que je viens de voir, et qui, au moment où je rédige mes notes, me laisse encore tout bouleversé! D'un mot sec, comme ces articles du code que Stendhal prétendait relire avant d'écrire, voici : Au pied de la montagne à pic, sur la ligne même où les marais commencent, un petit étang; au bord de l'étang, un groupe de trois ou quatre arbres; à l'ombre de ces arbres, un corps de ferme et un moulin; au-dessous du moulin, à un mètre où deux en contre-bas, enfin, une ville de deux kilomètres de tour au plus, et cette ville, abandonnée depuis quatre ou cinq cents ans, est tout entière revêtue, remparts, tours, maisons, tous écroulés ou branlants, tout entière revêtue de lierre, de lianes et de fleurs. Voilà. Cela, songez-y, est à soixante-dix kilomètres de Rome, le chemin de fer de Terracine passe devant, on peut y venir en deux heures d'auto ou de chemin de fer, et cela reste seul, toujours seul, sous la garde d'un fermier, du meunier des Caetani! De temps en temps, quelque artiste se risque — et se sauve, craignant la fièvre. Ce miracle est là, à faire bondir tout être sensible un peu, il est là, et personne, jamais! Gregorovius y vint il y a cinquante ans. Ninfa lui a inspiré une des rares pages d'artiste de son œuvre. C'est qu'il faudrait être bien sauvage pour ne pas se sen-

tir transporté. Plus rien de cette ville abandonnée n'est restée debout, entier. Les murs
ont des brèches à laisser passer trois voitures
de front. Les tours sont ouvertes en compas,
lorsqu'elles ne sont pas écroulées. Les toits
des maisons gisent tous à terre, leurs murs aussi
à moins qu'ils n'y tombent demain. Les églises
n'ont pas de voûtes ; leurs fenêtres ouvertes
des deux côtés sur le ciel servent de soutien
aux lianes qui s'enroulent à leurs colonnettes.
Les nefs ne sont plus qu'une mer de buissons.
Par-ci par-là, sur des murs qui tiennent on ne
sait pourquoi, des restes de fresques mangées
par le soleil autant que par les moustiques et
les vers. Un concert bourdonnant a remplacé
les voix célestes des enfants. Et, sur l'autel,
s'enroulent la vigne-vierge et la clématite.

On se frotte les yeux, on se demande si l'on
a bien toute sa raison. Alors, on court comme
un fou, partout, de tous côtés, autour des
remparts déchiquetés, dans les rues où le pavé
disparaît sous les violettes et les pensées sauvages. Et on retrouve, peu à peu, la ville
tout entière, avec ses demeures, ses lieux
publics, ses voies, ses édicules, toute une
ville vous dis-je ! mais une ville drapée, parée, vêtue, fantastiquement magnifiée par ses
robes multicolores, ses manteaux verts, ses

coiffes d'or, ses jupes roses, ses corsages amande, ses dentelles paille, ses bracelets de clématite, ses colliers d'aristoloche, ses paniers de broussaille, et chaussée de boutons d'or ! Elle est seule, seule infiniment, se faisant belle à chaque printemps pour elle seule, se regardant dans le miroir de l'étang et, la nuit, d'un coup de pouce, changeant le bonnet, plissant la jupe, enfilant d'autres souliers, tous les jours plus parée, affinant sur son squelette ses frénétiques et enivrants oripeaux. Si vous m'avez suivi autrefois à Mantoue, vous avez été bouleversé comme je le fus devant la ruine du castello. Ruine pour enfants ! Portez Mantoue à la vingtième puissance, et vous n'aurez pas encore une idée de Ninfa. C'est Mantoue, mais en ville au lieu de palais ; complètement ruinée, sans portes, ni fenêtres, ni plus rien qui puisse servir aux hommes encore ; et Mantoue toute seule, au pied d'une montagne, au milieu d'une plaine mortelle, en plein soleil, envahie de rats, de taupes, de papillons, de grillons, d'oiseaux, de buffles quelquefois, une Mantoue où la nature chante éperdument sa victoire. La nuit, les feux follets se réveillent, jouent entre les murs, et les âmes des trépassés cueillent les fleurs de leurs tombeaux.

On m'écrit, au moment où je rédige ceci, que la princesse Caetani, croyant bien faire, rendre service aux archéologues, vient de donner l'ordre à son fermier d'arracher ces lierres et ces lianes. C'est un meurtre sans doute, et Ninfa n'a rien à apprendre à personne. Car là est l'admirable : Ninfa n'a en soi aucun intérêt d'art ni d'histoire ; elle n'est bonne qu'à ce spectacle que j'ai vu. Mais pourquoi ne suis-je pas ému à cette nouvelle ? Parce que je suis bien tranquille. Lorsque, l'année prochaine, je retournerai à Ninfa, l'attentat sera réparé. Tout aura repoussé en un clin d'œil. On ne lutte pas avec cette terre-là. Une équipe de jardiniers, occupés nuit et jour tout le long de l'année, en viendrait peut-être à bout. Il en serait comme de l'œuvre des Romains et des papes : à peine négligée, tout était à recommencer. Ninfa, jusqu'à ce que la dernière pierre s'en soit diluée dans le marécage, restera l'un des prodiges du monde. Que sert de le décrire ? Les mots perdent ici leurs droits. Le pinceau lui-même deviendrait impuissant. Il faut voir, voir encore, voir toujours, et jouir du plus intense plaisir que les yeux peuvent fournir, en jouir pour soi, égoïstement, pour toute la vie.

Remonté en voiture, j'ai fermé les yeux.

Jusqu'à demain, où je prendrai la route de Terracine, je ne veux plus rien voir. Que se grave lentement, profondément au fond de mes prunelles, pour revenir à tout appel d'un jour triste ou périlleux, cette joie exaspérée de la terre, cette merveille dont les hommes n'ont fourni que la carcasse, le mannequin. Leurs pauvres œuvres, tant admirées à Rome, à Florence, à Venise et dans toute l'Italie, quelle misère! Voici des murs branlants ou couchés, voici des fleurs, et le plus grand chef-d'œuvre humain de tous les âges n'est qu'impuissante et ridicule poussière.

XIII

L'ÉCOLE BUISSONNIÈRE

Terracina.

La voie ferrée qui va de Rome à Terracina festonne, à partir de Cori, les marais pontins, au pied de la montagne. Le chemin de fer a doublé la voie appienne qui constituait autrefois la seule route conduisant à Capoue et, de là, à Naples ou à Brindes. Aujourd'hui, la ligne de Rome à Terracina ne dessert plus que les villes et villages clairsemés le long de la plaine malfaisante. Sezze est le dernier qui soit bâti au bord même des marais. Martial en a chanté le vin ; mais c'est inutilement que j'en ai réclamé à la buvette. Inutilement aussi, mes yeux ont cherché le phénomène des femmes de Sezze dont La Lande, au XVIIIe siècle, nous fait cet engageant portrait : « Les femmes de Sezze ne travaillent point ; elles sont extrêmement fécondes ; elles ont les mamelles d'une grosseur singulière ; on croirait que c'est là où Michel Ange avait pris son modèle qui est sur le tombeau du duc de Nemours à Saint Laurent de Florence ». Ce La Lande est peut-être plus pince-sans-rire qu'on ne le croit. Cette façon de critiquer la *Nuit* du tombeau de Julien de Médici, peut faire envie. Quoi qu'il en soit de la malice ou de la naïveté de La Lande, je n'ai pas vu marcher la *Nuit*. Peut-être s'est-elle décidée à se mettre au travail? Voilà vraiment ce qui seul est fécond. Travaillons donc ; la moisson nous attend. Elle m'attend aujourd'hui à Terracina, la vieille Anxur vers laquelle le train m'emmène par un long détour. Quittant en effet le marais, la voie remonte dans la montagne, vers l'ouest, passe au pied de Piperno, et traverse bientôt une contrée charmante de fraîcheur fertile. Ces dernières pentes des Lepini sont abondantes et pleines de grâce. Voici presque des paysages français, ombreux, feuillus, villas cachées dans des boqueteaux, troupeaux et laboureurs. Sur la route que nous traversons, pourtant, une vision me frappe : autour d'un char attelé de bœufs et chargé de foin, une cohorte de paysans s'avance, chaussés de bandelettes, coiffés du chapeau pointu, portant sur l'épaule les pioches, les râteaux et les bêches. En avant, sur un âne, le vieillard conduit la théorie. Der-

rière, les femmes suivent, tirant leurs enfants.
Et le nom charmant de Léopold Robert de
briller tout à coup devant mes yeux. Le guide
m'apprend bientôt que Léopold Robert travailla dans ces contrées; et j'imagine que la
plus belle récompense de son labeur, c'est
cette évocation de son œuvre aux passants
ignorants. Mais aussi, je songe combien l'homme
change peu. Bien souvent, nous nous croyons
impuissants à concevoir la vie d'autrefois. Neuf
fois sur dix, il nous suffirait de regarder celle
d'aujourd'hui. Léopold Robert peut revenir,
il croira avoir dormi pendant vingt-quatre
heures, et, s'il tourne le dos toutefois au chemin de fer, il pourra reprendre son œuvre
interrompue hier, au coucher du soleil.

Le chemin de fer redescend maintenant vers
les marais, passe à Frasso, au pied du mont
Leone où s'élevait le temple de Feronia, où
coulait la fontaine dans laquelle Horace, à son
passage, se lava les mains : *Ora manusque tua
lavimus, Feronia, lympha!* Il y a longtemps
que ne se voient plus ni temple, ni fontaine,
mais seulement le paysage verdoyant des marais à leur naissance, possédant encore assez
de pente pour faire écouler les eaux, et qui
montrent quelle serait la richesse retrouvée,
comme au temps des Volsques, de la plaine

pontine, si d'abondants et judicieux drainages y étaient opérés. Puis nous rejoignons les bas fonds où meurt la voie appienne que nous suivons de nouveau, et, au pied des rochers d'Anxur, nous nous arrêtons enfin dans la gare terminale de Terracina.

Un élève de l'École de Rome, mort prématurément, et qui aurait été assurément un excellent écrivain, si sa science soulève chez les professionnels des réserves qui ne me préoccupent guère aujourd'hui, cet élève, R. M. de La Blanchère, commence ainsi la belle, vivante et précieuse monographie qu'il a consacrée à Terracina : « Pourquoi choisir pour une monographie une si obscure cité ? Ses faits et gestes n'importent pas au monde. On peut faire l'histoire de l'Italie, de Rome même, sans écrire son nom. Elle n'a ni grands monuments, ni grands faits, ni grands hommes ». La Blanchère s'excuse d'écrire, sur son intention d'étudier le bassin pontin, son histoire et ses conditions de vie, en un livre qui devrait s'appeler : *La Via Appia et les Terres Pontines*. Il a dû commencer par bien étudier et bien connaître le chef-lieu naturel, « lié de la manière la plus intime aux phénomènes naturels et sociaux dont cette région fut le théâtre ». Terracina est la première ville que rencontre la « reine

des voies », depuis les monts Albains, Terracine au débouché des canaux et des rivières,
là même où César voulait conduire le Tibre.
Mon excuse est de la même famille que celle
de La Blanchère. Si je n'ai pas l'ambition d'é-
crire l'histoire de la plaine pontine, j'ai le désir d'arriver à Naples par le chemin que prenait Cicéron allant de Rome à Astura et à
Formies, et que suivaient tous les Romains
s'en allant en Grèce et à Baïa. Terracina est
l'étape nécessaire sur la voie appienne que je
suis, depuis Rome, aussi strictement qu'il est
possible de le faire aujourd'hui. Et je sens
que, avec un guide comme La Blanchère, je
trouverai toujours supportable, si évocateur
qu'il soit des plus funestes nuits des Pouilles
et de la Calabre, le gîte que je prends à Terracina. Jusqu'au petit matin, à peine étendu,
encore moins couché, j'ai lu *Terracine* pour
me consoler. Et j'ai refait, avec cet ami que je
n'ai pas connu, mais sur la tombe de qui je
promets, lorsque j'irai à Tunis, de déposer une
petite branche de fenouil cueilli sur le Mont
Sant' Angelo, j'ai refait l'ascension pittoresque
accomplie en la compagnie de petits Anxurois
aux yeux vifs et aux dents blanches.

Combien j'étais heureux que Terracina n'eût
ni grands monuments, ni grands faits, ni grands

hommes ! J'allais donc pouvoir m'y promener sans chercher autre chose que l'émotion furtive du paysage et des hommes, peut-être des monuments aussi, mais pour leur seule caresse et non pour leur enseignement. Au hasard des rues, marcher sans recherche, quel plaisir ! J'ai goûté ce plaisir à Terracina. Deux villes, la vieille Anxur et la jeune, relativement jeune Terracina, se distinguent très nettement. Terracina reste au pied du rocher formidable dont Anxur escalade la pente, le Sant' Angelo. Terracina est au bord de la mer, avec une plage charmante et un port ensablé. Anxur est sur le penchant de la colline, d'où elle scrute l'horizon. Terracina est large en ses rues, en sa rue plutôt, ses places où poussent des palmiers. Anxur est étroite et sombre, noire et resserrée autour de son vieux temple changé en cathédrale. La Terracina actuelle ne date que du temps de Pie VI. Mais sous les Romains, une ville existait déjà au pied de la vieille Anxur des Volsques, et c'était une Terracina d'abord colonie maritime, puis bain de mer, anneau de la chaîne balnéaire qui partait d'Ostie pour aboutir à Sorrente. La côte, au Pausilippe, est féconde en ruines. J'en vis à Antium, à Astura ; on en voit aussi au pied du Circeo. Là se buvait le cécube renommé, perdu aujourd'hui,

noyé au fond du lac de Fondi où les raisins
poussaient autrefois. Ici Agrippine, rapportant
d'Antioche à Rome les cendres de son époux
Germanicus, rencontra Drusus envoyé au-devant d'elle, et escorté des plus considérables de
l'Empire. Ici Martial chanta. Ici des œuvres
comme le *Sophocle* du Vatican ornaient les
portiques. Et si Baia, Pouzzoles, Pompei même
commandaient à des baies plus célèbres, Terracina était préférée par les sages, avides de
calme et de solitude. De cette Terracina il ne
reste rien. Il faut voir à Florence les dessins
que Peruzzi en a pris. Ce que Piranesi a fait
pour Rome, Peruzzi l'a fait pour Terracina, et
il ne demeurait pas plus de Terracina au temps
de Peruzzi qu'il ne reste de Rome antique :
des membres squelettiques. A Rome, l'immen-
sité colossale de ceux-ci, leurs souvenirs prodigieux les ont sauvés de la ruine totale. A
Terracina, aucune mémoire, et Pie VI acheva
de détruire.

La grande rue de Terracina c'est l'ancienne
voie appienne. La Blanchère dit que, aux
premiers temps de la République, la route
montait à Anxur et tournait derrière le Sant'Angelo qui barrait le chemin à qui aurait voulu
suivre le bord de la mer. Le Sant' Angelo le
barrerait encore si, plus tard, on n'avait coupé

le rocher pour continuer la route par le bas,
la route qui sert encore aujourd'hui, et qui
rejoint la voie antique à quelques milles de
Terracina. C'est donc, à peu près, la vieille
route appienne que je suis pour monter à
Anxur, toute droite, entre deux rangs de maisons ouvrières et aboutissant à l'ancien forum.
De celui-ci on ne voit rien que dix colonnes
antiques qui, après avoir servi à Rome et
Auguste divins, servent au Christ ; elles forment le portique de l'église, du xiie siècle, sans
grand caractère et sans détails saillants.

Sur cette place, je cherche le chemin qui me
mènera au mont Sant'Angelo, lorsqu'un enfant
déguenillé, qui m'a deviné, s'offre pour me
conduire. Son chapeau pointu et ses yeux
brillants lui donnent un petit air de brigand
qui m'enchante. Je lui confie mon kodak, afin
de lui inspirer un sentiment de responsabilité, et nous partons. A peine avons-nous fait
quelques pas, que nous voilà entourés d'une
nuée de petits brigands tout semblables, jeunes
moineaux tombés des arbres sur le sac d'avoine
répandu. En vain je m'écrie, en vain je fais les
grands bras pour les effrayer. Ils sont bien
décidés à ne pas s'envoler. Bon gré, mal gré,
je les subirai comme compagnons. Et, pour
garder mon prestige, je leur déclare que j'ac-

cepte leur société. Tous bien comptés, ils sont douze. Quelle escorte! Mais si vive, si joyeuse de la promenade et de l'aubaine! Et les beaux yeux, les bonnes têtes rondes, la gracieuse agilité de chèvres parmi les pierres de la montagne, parmi les fenouils et les ajoncs, les fines silhouettes enlevées sur la mer qui, peu à peu, monte sous mes regards! Ils chantent, ils rient, courent et m'accablent de prévenances que je reçois avec dignité. J'avais envie de jouer un peu... Mais il me faut garder cette dignité, par crainte qu'ils ne s'amusent trop de moi déjà si inférieur par les jambes et par le souffle! Et je m'efforce à être paternel. Je les interroge sur ce qu'ils font, s'ils vont à l'école. A ma question, le guide responsable de mon kodak baisse la tête. Quelle misère est la sienne! Quel inconnu de jours traînés à grapiller des besognes de gamin, de pauvres sous surpris à quelque pitié ou, plutôt, disputés à quelque rapacité ou abus de son jeune âge! Sur les onze autres, neuf ont répondu fièrement qu'ils suivent l'école. Alors je les interroge sur ce qu'ils apprennent. Mais ils ne tardent pas à me répondre de même farine. De quel pays suis-je? — *Francese!* Et l'un, plus fier que prudent, de s'écrier :

— La capitale de la France, c'est Madrid!

Personne n'a bronché. Ils croient donc tous que Madrid est la capitale de la France?... Je rectifie. Mais, peut-être pour se rattraper, le fanfaron ajoute d'une voix de clairon victorieux :

— Et la capitale du Monténégro, c'est Cettignié !

Je suis « collé ». Que puis-je dire? Comment faire comprendre à ces moutards qu'on leur donne du Monténégro, à cause de la reine, une idée légèrement exagérée? Pourquoi leur dire la puérilité de cet enseignement purement verbal et trop étroitement national, par trop sentimental aussi, et qui permet aux enfants de confondre l'Espagne et la France, mais les rend fiers de ne pas ignorer le Monténégro? C'est au maître qu'il faudrait tenir ce discours. Le nom de Paris les a laissés indifférents; j'aurais dit : Rouen ou Londres, qu'ils m'auraient cru. Mais Cettignié ! Parlez-moi de Cettignié ! Et je m'en tire en les félicitant d'aller à l'école...

Nous instruisant ainsi mutuellement, nous sommes arrivés enfin au sommet du Sant' Angelo. Douze arcades au bord même de l'abîme portent la terrasse où s'élevait un temple à Vénus. Longtemps ce temple passa pour une construction médiévale, un palais de Théodoric.. La Blanchère discute gravement la question de savoir si ce palais ne serait pas plutôt une citadelle. Il me semble, à moi ignorant, que, entre un palais et une citadelle, il n'y avait pas, en ce temps-là, une grande différence? Des fouilles toutes récentes rendent le temple païen indubitable. Il n'en subsiste que quelques marches. Et, au surplus, ce n'est pas pour lui que je suis venu, mais pour le paysage qui se déroule sous mes yeux. La grande mer latine est devant moi, depuis les monts Albains jusqu'aux montagnes de Sorrente. La côte se déroule tour à tour plate et montueuse, des marais pontins aux rochers de Gaëte, la belle côte toute festonnée de villas et de souvenirs. Par ici passa Cicéron affolé, courant de Pouzzoles à Rome, de Rome à Astura, d'Astura enfin à Formies où il devait mourir. Et combien d'autres encore, toute la théorie des héros et des voluptueux, de Marius se sauvant vers Minturnes à Tibère regagnant Capri. Mais d'ici, cependant, ce ne sont pas ces ombres que je vois le plus; et la mer latine, par le mont Circeo, devient la grande mer de l'Hellade. A peine si je l'ai cité jusqu'ici, ce Circeo magnifique. Et pourtant combien de fois l'ai-je contemplé ! Il est seul, tout seul au bas de la terre pontine, au point que, vingt fois, je l'ai pris pour une île. Il est énorme, cloche colossale sous laquelle dorment les Homérides. Malgré les âges impitoyables, il a gardé le nom de l'enchanteresse que le subtil Ulysse put seul abuser. Et, le vers de Virgile, je puis le faire mien : *Proxima Circeæ raduntur littora terræ.*

Moi aussi, j'ai frôlé les rivages de Circé, tout comme les héros de l'Odyssée et de l'Énéide. Rien à voir à Terracina ? C'est tout un monde que Terracina étale à mes pieds. Un monde infini où je peux puiser sans fin. Depuis Ulysse jusqu'aux derniers jours de Rome, je n'ai que le choix. Tout se presse en moi, se bousculant comme font ces enfants impatients de me voir rêver ainsi. Et je regarde si avidement la montagne qui se dresse là-bas, ce Circeo si fertile, qu'ils m'offrent de m'y conduire. Qu'y ferais-je, dieux d'Ulysse et d'Énée ! Je l'aime ainsi mystérieux, célant toujours les cavernes et les bosquets enivrants, la petite rade où aborda la flotte troyenne, les bois où Ulysse coupa les arbres dont il construisit le bateau de sa fuite. La fille du Soleil parcourt toujours en chantant ses bois inaccessibles ; les lions, les ours, les loups rugissent dans leurs cages ; et déjà s'allument les torches de bois de cèdre qui éclairent le rouet de l'ardente déesse. Comme Énée, je suis protégé par Neptune qui me retient loin du périlleux rivage. Sans envie, je le contemple du haut de mon rocher respectant son inconnu, sa légende — et mes rêves. Je les domine, j'en reste le maître, de même que le Circeo est le roi de ces bords.

Mes compagnons et moi, nous avons enfin déboulé. En vingt minutes, nous avons regagné le forum d'Anxur où il a fallu nous quitter. Ce ne fut pas sans regret : nous étions déjà amis. Ce ne fut pas sans émeute, non plus. Il fallait bien payer le zèle de mes guides, quoi qu'il se fût imposé. Ma munificence, un pacte tacite la réclamait. Elle s'exerça sans dérèglement, mais avec quelle tristesse de voir ces vifs regards, si joyeux tout à l'heure, devenir presque féroces d'avidité! J'aurais voulu leur faire honte et leur apprendre autre chose encore, la dignité, le désintéressement... J'aurais alors développé la rancune et la haine, plus laides que le désir. Mais ce que je n'oublierai jamais c'est le regard de fierté et de joie de celui que j'avais choisi, qui, seul, ne s'était pas imposé, et en qui j'avais eu confiance lorsque je lui avais remis mon kodak. Tandis que je distribuais des sous aux autres, il se tenait en arrière, ne demandant rien, mais me

regardant tristement, sans désespoir pourtant.
Un peu de honte peut-être, le sentiment de
son infériorité parce qu'il ne savait pas lire ;
mais aussi une certaine foi en cet étranger qui
l'avait élu et l'avait chargé d'une spéciale mission. Et ce fut un moment très doux lorsque
je l'appelai, et que je vis ce visage douloureux
s'illuminer d'un sourire de fierté et de joie
bondissante. Il eut vers moi un élan de petite
bête qui disait : « Ah ! je savais bien ! » Et je
suis bien sûr que, pas un instant, cet enfant,
qui n'avait sûrement jamais tenu de pièce
blanche entre ses doigts, n'éprouva à prendre
celle que je lui tendis d'autre sentiment que
celui de la justice, du droit qui était le sien et
que je reconnaissais. Une seconde, l'âme de ce
petit mendiant fleurit de quelque noblesse.
Cette minute-là, quel Circeo, encore moins
quelle Circé m'en procureraient jamais la
volupté ?

XIV

COMMEDIANTE

Formies, Gaëte.

J'ai repris la voie appienne, des cendres de Germanicus au cadavre de Cicéron. Que de cohortes m'accompagnent ! Elles revenaient par ici de Pharsale et d'Actium, et les bouchers d'Antoine, envoyés pour venger les *Philippiques*, couraient ventre à terre sur ce pavé afin de ne pas manquer la noble victime. Franchi le défilé artificiel taillé dans le rocher pour livrer passage à la route, mon vetturino côtoie un instant la mer ; bientôt nous montons vers l'ouest, laissant le rivage à notre droite, et la plage est un champ de fleurs. Là, en effet, où nous verrions sur nos plages les sables répandus, la terre végétale descend jusqu'aux flots et un horticulteur y plante ses roses et ses œillets. Voici, sur près de cinq cents mètres, un délicieux jardin jaillissant. Le printemps mouillé de cette année a fait ici des prodiges. Et lorsque la vague tombe un peu lourdement, elle jette des prismes sur d'innombrables corolles. Peu à peu, cependant, la route grimpe le long des rochers, laissant derrière elles le Circeo et le Sant'Angelo, laissant aussi la mer que je ne verrai plus jusqu'à Formies. L'a remplacée la glace vert tendre du lac de Fondi, entouré de bois qui s'y regardent. Le cécube mûrissait autrefois dans une plaine ; pour quelles naïades, s'il est perdu pour nous, jaillissent aujourd'hui les sources du vin mémorable ? Bientôt se présente une assez large étendue de campagne entre le lac et les monts. La route droite la traverse ample et brillante. Le village de Monte San Biaggio est assis, là-bas, au plus haut des pics, haillonneux et fier. La voie appienne y montait-elle autrefois pour redescendre ensuite ? Il y paraît au tracé du chemin que nous laissons à gauche pour continuer dans la plaine. Mais que le voyageur est égoïste ! Dans l'étroit et si méritoirement incommode vetturino, je puis du moins, assis derrière le cocher et à sa gauche, le siège ne dépassant pas le niveau de mon cou, je puis contempler à mon aise l'horizon si large de Circeo à Gaëte. Je le puis, à condition que ce cocher n'ait pas de valet de pied à côté de lui. Et tout à coup,

après de courts pourparlers auxquels on ne
m'invite pas, un brave contadino grimpe sur
le siège, me barrant tout net la vue, m'obli-
geant, pour le moins, à des contorsions, si je
veux regarder devant moi. Et me voilà, pour
de nombreux kilomètres, avec la perspective
d'un dos jaune ! En vain je m'excite à la pitié.
Je suis frappé surtout de la jeunesse de ce
dos. Quel gaillard ! le beau malheur s'il se
fatiguait un peu ! Il faut être compatissant, je
le sais. Mais enfin, j'ai payé pour voir le
paysage ! Cela est bien honteux, et voici ma
confession. Tout de même, je n'ai pas pu : la
mauvaise humeur l'a emporté, et j'ai ordonné
au cocher de faire descendre le bonhomme.
Hélas ! à peine est-il à terre, obséquieux, que
je regrette ma brutalité. Mais la vue de Fondi,
au loin, m'a bientôt, et lâchement, consolé.
Le voyageur est égoïste : pardonnons-nous,
lecteurs, mutuellement.

Fondi, le Fundi d'Horace : *Fundos... liben-
ter linquimus*, Fondi est un grand village assis sur la voie appienne, aux vieilles rues et
aux antiques maisons. Aujourd'hui dimanche
un peuple bigarré se presse sur les marches de
l'église, les hommes en manches de chemise,
les femmes en fichu jaune cachant les cheveux,
collier de corail sur la gorge découverte. Je

fais halte à la poste au milieu d'un peuple pressé et qui ne se dérange pas ; et, la porte de la ville franchie, j'aperçois, tenant aux remparts dont il est le bastion, le vieux château qu'illustra la belle Julie de Gonzague-Colonna.

La principauté de Fondi ne se trouvait dans les mains des Colonna que depuis 1504. Ferdinand le Catholique, en prenant possession du royaume de Naples, donnait Fondi à Prospero Colonna, dont l'épée l'avait aidé dans sa conquête. Onorato Caetano, seigneur de Fondi, recevait en compensation Altamura et le titre de prince.

Prospero Colonna, disent les historiens du duché de Fondi, MM. Bruto Amante et Romolo Bianchi, avait été un des plus valeureux capitaines de son temps. Son nom s'auréolait de gloire et sa vie de légende. Sa famille était connue pour sa rivalité avec celle des Orsini soutiens du Saint-Siège. Il était cousin germain de Fabrice Colonna, le père de l'amie de Michel Ange, Vittoria. Ayant été obligé de quitter Rome à la suite d'un meurtre, il rejoignit l'armée de ses cousins qui combattaient en ce moment-là contre les Riarii, les neveux de Sixte IV. Lors de la descente de Charles VIII, il prend parti pour celui-ci et s'empare

d'Ostie. Envoyé à Rome par le roi de France
pour s'entendre avec le Pape, il est jeté par
celui-ci dans les cachots du château Saint
Ange. Délivré après mille engagements dont
il ne tient aucun, il rentre à Rome aux côtés
de Charles VIII, qui lui donne, déjà, Fondi
dont il est dépossédé lors de la retraite des
Français — qu'il contribue à chasser, d'ailleurs, en passant au service de Gonzalve de
Cordoue. Les Aragonnais revenus, il se tourne
vers eux et il est nommé grand connétable ; et
lorsque Louis XII s'entend avec Le Catholique,
il retourne aux Espagnols, qui lui assurent
définitivement Fondi, et pour le compte desquels il remporte la victoire de Cerignola.
C'est lui qui est chargé de conduire en Espagne César Borgia. Et l'on vante sa conduite
chevaleresque envers celui-ci qu'il ne regarda
jamais en face pour ne pas l'humilier. Il rentre
bientôt en Italie, et combat désormais dans
l'Italie du Nord contre Louis XII et François Ier. Léon X et Charles-Quint le chargent
de remettre les Sforza en possession du duché
de Milan, et il remporte la victoire de la Bi-
coque, qu'il dirigea, infirme, de sa chaise. Il
mourut à Milan en 1523. Il fut enterré à
Fondi.

Prospero s'était marié deux fois. Du pre-

mier mariage, il eut un fils, Vespasiano, dont
la marâtre fut une Carafa. Vespasiano guer-
roie aux côtés de son père ; et, à la mort de
celui-ci, il est envoyé dans le royaume de
Naples contre les Français. Marié à Béatrice
Appiani, il en a une fille Isabella, dont la
mère meurt en 1525. L'annéo suivante, Vespasiano épouse, à Rome, une Gonzague, la
belle Julie, fille du duc de Sabbioneta. Deux
ans après, Vespasiano mourut, laissant le
comté de Fondi à Julié sa veuve, et à Isabella
sa fille de son premier mariage. Voilà Fondi
passé en quenouille. Un homme est nécessaire
pour la défendre ; car les convoitises sont ardentes. Julie marie donc sa belle-fille Isabella
à son frère Luigi Gonzaga, valeureux capitaine à qui l'on a donné le surnom de Rodo-
mont. Les noces, célébrées secrètement en
1528, sont rendues publiques en 1531 ; et, la
même année, un fils naît aux jeunes époux, et
qui reçoit le nom de son grand-père, Vespasiano. Luigi Gonzaga se met au service du
Pape, tandis que les Orsini abandonnent celui-
ci : c'est le jeu habituel auquel les Guelfes et
les Gibelins nous ont accoutumés. Les Orsini
et les Colonna se retrouvent en face les uns des
autres, s'ils ont changé de camp. Luigi, un
beau matin de 1532, est blessé mortellement.

Il a le temps cependant de faire son testament, par lequel il institue ses exécuteurs testamentaires ses père et frères de Mantoue, et recommande à sa sœur Julie et à sa femme Isabella de vivre toujours en bonne entente pour le plus grand bien du petit Vespasiano, âgé d'un an. Julie, comme veuve de Vespasiano Ier, comme belle-mère d'Isabelle et tante de Vespasiano II, passait au premier plan. Voyons-la maintenant.

Titien et Sebastiano del Piombo l'ont peinte avec un petit nez écrasé et rond, au-dessus la plus ravissante petite bouche, et sous un front superbe. Est-ce bien la beauté chantée par Arioste et Tasse ? Ceux-ci étaient prodigues pour tout ce qui tenait aux Estes : Julie en était fille aussi, par sa mère. Et j'imagine que son éclat de blonde devait contribuer beaucoup à son apparence. « Qui contemple ce front haut et serein, où se jouent les grâces et où s'apaisent les vents, heurte en vain le froid et bat la tempête, celui-là sent une chaîne entourer son cou dont il ne se délivrera jamais et sur laquelle l'Amour a écrit : Heureux qui pour moi pleure et soupire ». Elle avait du charme, sans doute, que son intelligence redoublait. Elle fut aimée, elle aima. Elle fut recherchée et se garda. Elle eut un salon lit-

téraire qu'elle tint avec habileté et beaucoup
de grâce. Elle intrigua même politiquement,
et l'on retrouve sa main dans le mouvement
religieux du xvɪᵉ siècle. Elle eut pour amis et
amies enfin, les plus illustres et nobles personnes de son temps : Vittoria Colonna, c'est
tout dire, la chérissait. Les historiens de Fondi
ne veulent pas qu'elle ait aimé et je ne sais
pourquoi. « Admirée et aimée par des hommes illustres dans les armes et dans les lettres,
dans un siècle porté à la licence, elle savait
imposer le respect par une conduite scrupuleusement chaste ». Jeune et belle, Julie eût
donc été un phénomène. C'est peu vraisem-
blable. « Son esprit finement éduqué la portait
à s'intéresser non seulement aux problèmes
littéraires, mais encore à des problèmes intel-
lectuels d'un ordre supérieur, qui imposent
silence aux appétits physiques. Et Julie s'étant
mise en relation avec les plus illustres de ses
contemporains, fit de Fondi un petit centre
artistique et littéraire où l'on se rendait exclusivement pour la voir. Les voyageurs qui
allaient à Naples s'arrêtaient à Fondi pour la
connaître ».

Quoi qu'il en soit de ses amours, qui nous
intéressent parce que nous nous plaisons toujours à croire qu'une femme jeune, jolie, cul-

tivée, aima et fut aimée, Julie rassemble à
Fondi l'élite des arts et des lettres. La mode
était d'aller passer quelques jours à Fondi et
d'en décrire les charmes. Et ce fut une stu-
peur, parmi tout ce peuple galant et curieux,
lorsqu'on apprit que Julie avait été assaillie
dans son château de Fondi par des pirates
barbaresques, et qu'elle n'avait dû son salut
qu'à une fuite précipitée.

De tous les bandits qui pillaient les bords de
la Méditerranée, le plus célèbre était alors
Ariadeno Barberousse. Après avoir travaillé
pour son propre compte, ce brigand s'était
mis au service de différents princes africains.
Un jour, il avait conquis Alger ; grosse proie.
Afin de la garder, il en offre la suzeraineté au
sultan qui l'aide à s'y fortifier. Et, de là, il
se lance sur l'Espagne et l'Italie, vers lesquelles il se dirige avec une flotte de quatre-vingts
galères. On dit qu'il mit le cap sur Fondi,
en promettant au sultan de lui ramener pour
son sérail la belle Julie. Il est probable,
d'abord, que Soliman et Barberousse devaient avoir peu de goût pour le genre d'attraits de Julie ; en se dirigeant sur Fondi, Barberousse pensait ensuite et surtout aux richesses que devait contenir le château d'un de
ses rivaux en batailles, Colonna, un château

dont on parlait beaucoup, et dont la maîtresse,
si appréciée par tant de nobles italiens, devait
valoir une belle rançon. A la fin de juillet 1534
— il y avait cinq ans que Julie était veuve, —
Barberousse franchit le détroit de Messine, où
il incendie quelques navires, pour s'entre-
tenir. En Calabre, il descend à San Lucido,
qu'il met à sac, passant le peuple au fil de
l'épée. Il brûle un couvent et sept galères na-
politaines, double Naples qu'il dédaigne ou
ménage, débarque à Procida qu'il ruine, et
arrive enfin à Sperlonga, où il met pied à terre,
et gagne Fondi, de nuit, à travers bois. Au
petit jour, il entre dans la ville, et y tue tout
ce qu'il rencontre. Dans la cathédrale, il pille
et jette au vent les cendres des Colonna. Julie,
cependant, prévenue, ne tente pas une résistance inutile. Sans même prendre le temps
de passer une chemise, elle saute de son lit
dans le jardin et court encore. Barberousse,
furieux d'avoir manqué la belle et riche prise,
livre à ses hommes un couvent de jeunes moi-
nesses que l'on égorge après. De là, il se ré-
pand dans le pays, semant la ruine et la
mort. Alors, paraît le bel Hippolyte, cardinal
de Medici, radieux comme Apollon, brave
comme Hercule, tendre comme Eros. Irrésis-
tible, il n'a qu'à paraître pour mettre le pirate

en fuite. Barberousse se rembarque et Hippolyte, le genou à terre, offre à Julie la clef de
son château : tout porte à croire qu'elle la lui
laissa.

Le bel Hippolyte, dont Titien a laissé, au
Pitti, un inoubliable portrait, menait à ce moment l'existence la plus brillante, et la plus
suspecte à son cousin le duc de Florence,
Alexandre. La naissance illégitime d'Hippolyte ne cédait rien à l'illégitimité d'Alexandre,
et si celui-ci était arrière-petit-fils, branche
aînée, du Magnifique, Hippolyte, branche ca-
dette, en était le petit-fils. Il avait, de plus
que son cousin, l'intelligence, la culture, le
respect de soi et la séduction. Il avait été
élevé en vrai Medici : toutes les sciences, tous
les arts, tous les sports. Clément VII le chérissait. Il le charge, à quatorze ans, en 1525,
du gouvernement de Florence, concurrem-
ment avec Alexandre qui ne devait pas oublier
cette « part à deux » où Hippolyte s'était
montré si supérieur. En 1527, les deux jeunes
gens sont chassés ; Alexandre ne reviendra
qu'en se vendant, et Florence avec lui, à Charles-Quint. Mais Alexandre reste inquiet de son
cousin que Clément VII favorise d'un chapeau
de cardinal, dès 1529, pour ses dix-huit ans,
qu'il pourvoit d'abbayes et d'évêchés qui le

font riche et lui permettent la vie fastueuse,
intelligente et d'où n'est pas exclue l'habileté
politique. Vivant à Rome dans son palais du
Champs de Mars, au milieu d'une véritable
cour, Hippolyte fréquente l'élite du monde
romain qui aime son esprit, sa grâce, sa culture, et compte peut-être sur lui pour un avenir florentin supérieur à la crapule d'Alexandre. Qu'Hippolyte ait prêté l'oreille aux
adversaires d'Alexandre, cela ne fait aucun
doute. Ses soins pour Julie sont d'un amant,
n'en doutons pas ; ils sont aussi d'un ambitieux
qui se ménage, par Julie, des appuis. En
1535, enfin, Hippolyte sent que l'heure est
venue. Et il décide de s'embarquer pour aller,
dit-il, sous la bannière de Charles-Quint, châ-
tier Barberousse, en réalité pour exposer à
l'empereur l'état de Florence et lui demander
la déchéance d'Alexandre. Il quitte Rome, suit
la voie appienne et arrive à Fondi où il fait ses
adieux à sa belle Julie, et arrive bientôt dans
la petite ville d'Itri, perdue dans la montagne entre Fondi et Formies, bien cachée,
discrète, et où les conciliabules sont plus
faciles. Il y reçoit la visite de Florentins dont
les noms : Strozzi, Ricasoli disent assez le sentiment. Ils furent bien accueillis, et sept d'entre ces bannis florentins sont priés d'accom-

pagner Hippolyte auprès de Charles-Quint.
Hippolyte, pendant toutes ces négociations,
faisait la navette entre Fondi et Itri, que dix
kilomètres seulement séparent. Il était facile à
Alexandre de le faire guetter dans la montagne. Le duc préféra une arme plus discrète,
le poison. Le 5 août, Hippolyte tombe malade.
Il ne meurt pas tout de suite. Julie accourt,
fait tout pour le sauver ; et c'est dans les bras
de sa maîtresse qu'il meurt, le 10 août 1535.
Deux ans plus tard, Lorenzaccio vengeait Hippolyte et Julie.

Désespérée, Julie se jeta dans un couvent
franciscain de Naples, d'où elle ne sortit plus,
gérant toujours son comté de Fondi que lui
disputait sa belle-fille et belle-sœur Isabelle,
mère du petit Vespasiano. On se rappelle que
Vespasiano Ier, son mari, avait laissé à Julie sa
terre de Fondi pour qu'elle la gérât au nom
de sa fille Isabelle que Julie avait mariée à
son propre frère Louis de Gonzague. Veuve
de celui-ci et mère du petit Vespasiano, Isabelle revendiquait l'héritage. Le litige fut
porté devant l'empereur qui donna raison à
Julie. On devine les intrigues que celle-ci, du
fond de son couvent, dût mener et suivre
pour obtenir la reconnaissance de ses droits.
Discrète autant qu'habile elle joua supérieure-

ment son rôle ; et si l'on songe que le grand arbitre, désigné par Charles-Quint, était Pierre de Tolède, vice-roi de Naples, on s'imagine facilement à quoi se ramenait la vie conventuelle de Julie. Quatre années de tranquillité passèrent, la veuve de Vespasien Ier - Colonna continuant de présider aux destinées de son comté, lorsque le marquis de Gonzague, son père, vint à mourir. Et, par son testament, il désignait, comme tutrice du petit Vespasiano, la tante de celui-ci : sa fille Julie. Isabelle, la mère, était encore une fois dépouillée de ses droits. Appuyée sur un mari qu'elle avait fini par trouver en Charles de Lannoy, prince de Sulmona, Isabelle attaqua le testament. En vain. Le petit Vespasiano est donné . définitivement à sa tante et belle-grand'mère, qui lui consacre tous ses soins, et meurt en 1567, à Naples.

Vespasiano II était alors âgé de trente-six ans, et distingué déjà, comme ses ancêtres, parmi les hommes de guerre de son temps, mais artiste aussi, ainsi qu'il convenait au disciple de la belle Julie. Nous les retrouverons un jour à Sabbonieta. Fondi, en 1591, passa au prince Carafa de Stigliano qui avait épousé la fille de Vespasiano II, Isabelle. Fondi rentrait par cette succession dans le Napolitain d'où elle ne sortira plus. La fameuse Anna Carafa, femme du vice-roi de Medina, pour qui fut bâti le palais, dit de Donna Anna, que l'on voit inachevé au flanc du Pausilippe, était la petite-fille de cette Isabelle, la descendante, par conséquent, des Colonna, et l'arrière-petite-nièce de l'immortelle Julie.

*
* *

La voie appienne reprend, toujours droite, se dirigeant maintenant vers la montagne, qu'elle va franchir à Itri. Ici est la partie la plus pénible du voyage. La gorge que nous suivons est étroite et longue. Le soleil y tombe d'aplomb, faisant ruisseler hommes et cheval. La route remonte la gauche du torrent, et nous contournons des roches calcaires qui renvoient des rayons implacables. Mais à droite, de l'autre côté du ruisseau, une autre route nous accompagne, suivant les mêmes méandres ; c'est la vieille route, la voie appienne d'Horace et d'Agrippine. Et il me semble que nous serions mieux sur son pavé. Pourquoi, puisqu'aucun avantage de raccourcis ne l'impose, pourquoi a-t-on tracé un nouveau chemin ? Serait-ce par souci archéologique ? Les ingénieurs ne connaissent pas ces scrupules ordinairement. Et, pour me distraire, j'aligne sur la vieille chaussée des litières et des licteurs. Je dresse, sur ce petit pont en dos d'âne, le cortège d'Horace se rendant à Brindes, en compagnie du rhéteur Héliodore, et tout gaillard, intrépide, soutenu par l'espoir de rencontrer bientôt son cher Virgile. Je vois les toges que les mains agiles ramènent sur les têtes, je vois les sandales qui se déchirent aux cailloux brûlants, je vois les ânes et les chevaux qui tirent la langue et ruent sous les coups. Et je me plais à croire qu'une émulation bienfaisante nous soutient; nous ne voulons, ni Horace, ni moi, nous céder en vaillance.

J'ai semé mon maître. Lorsque, franchie la passe, j'arrive au pied d'Itri, il y a longtemps qu'Horace a disparu. Et lui succède Fra Diavolo, bon ami de Ferdinand et de Caroline; brigand de grands chemins que le trône protégeait pour qu'il le soutînt. Autrefois, nous le vîmes dans ses exercices d'assassin subventionné et de pillard officiel, lorsque nous nous promenions à Naples. Itri est son nid, et c'est bien le nid d'un vautour. Un pic se dresse au milieu d'une vallée arrondie, et Itri s'est perchée dessus, comme un nid à la pointe du rocher. Itri affiche, de la retraite de l'oiseau de proie, toute l'inaccessible sauvagerie. Ses maisons sordides, branlantes et crevassées, encrassées par des centaines d'années d'injures atmosphériques, pendent comme autant de branches sèches couvertes de tous les détritus ramassés pour installer la couvée. La route, cependant, continue, se faisant plus ombreuse, annonçant déjà la large vallée qui descend, entre deux plus molles collines, vers la mer, la vallée où Formies enfin étend ses récoltes magnifiques, son paysage de fraîche abondance, ses douceurs et ses grandeurs, et ses poignants souvenirs d'un homme aussi sincère et loyal dans ses faiblesses que dans ses vertus, qui couronna une vie contradictoire, par là si touchante, d'une mort où brilla la fermeté de son cœur et la hauteur foncière de son âme.

« Cicéron ne perdit pas entièrement dans l'affreuse politique de son époque cette conscience du bien et du mal qui, si elle ne met pas l'homme à l'abri des petites faiblesses, l'empêche du moins de commettre des crimes ». M. Ferrero, qui écrit cela, est encore trop sévère. Cicéron ne fût pas exempt des faiblesses communes ? S'il n'y avait que cela, il ne serait pas nécessaire d'en parler. C'est le sort commun, sous-entendu à tout

discours, banalité qu'on évite. Et donc faire
cette réserve, c'est attribuer à Cicéron davantage. Or, nulle part, dans la vie de Cicéron, je
ne vois rien qui puisse légitimer des restric-
tions autres que celles qu'on ne fait pas, puisqu'elles n'auraient pour base que la fragilité de
la nature humaine, accordée d'avance. Cicéron
fut un homme comme les autres, et, cela entendu, il fut un homme supérieur, à tous les
points de vue, même du caractère, supérieur
aux autres.

Voici, dans cette belle et riche vallée, un
cône de vieilles briques et de pierres mêlées,
ressemblant assez à un four à chaux. Au milieu d'un champ, il se dresse sombre et considérable. Ici, dit la tradition, périt Cicéron,
égorgé par les émissaires d'Antoine. Je ne
sais si la tradition a raison, et je ne vois pas
non plus ce qu'on gagnerait à être sûr que
Cicéron tendît la gorge aux assassins près de
la borne 53, et non pas près de la borne 35.
L'essentiel est la mémoire de ces lieux qui
assistèrent tous, certainement, au spectacle,
et qui nous le racontent encore. Ici, dans un
coin du paysage que je traverse de onze heures quinze à onze heures vingt-cinq, puisqu'il
faut être précis, ici expira une grande victime. Nous avons, dès notre âge tendre, ad-

miré nos pères de la Révolution qui périrent sur l'échafaud pour leurs idées, discours ou libelles. Nous ne devons pas oublier que Cicéron est leur frère. Ce n'est pas le consul du temps de Catilina, ce n'est pas le politique ondoyant du temps de César, qui a été assassiné, mais bien et uniquement l'auteur des *Philippiques*, discours et pamphlets, l'écrivain dont Antoine exigea le sacrifice de la lâcheté d'Octave. L'homme qui avait commencé sa carrière par les *Catilinaires*, la finissait sur les *Philippiques*. Que, entre ces deux extrêmes, il y ait eu des affaissements momentanés, des vanités un peu mesquines, et parfois quelque pusillanimité, parbleu ! Et c'est un homme. Mais personne ne doit oublier ces deux pôles que Cicéron arrosa, à Formies, de son sang.

Sa parole, encore plus qu'aux premiers jours maîtresse de Rome, avait chassé Antoine de la ville, comme elle en avait autrefois fait partir Catilina. Et c'était, non pas à son profit que parlait Cicéron, c'était pour le jeune Octave, l'héritier de César. Il y mit trop d'ardeur, mais l'ardeur peut-être la plus désintéressée de sa vie. Car, à ses débuts, on pouvait encore le soupçonner de songer à sa fortune. A soixante ans passés, et travaillant pour

Octave qu'il connaît, il n'espère vraiment plus rien pour lui-même que la satisfaction de bien faire. Il devient l'instrument d'Octave, il travaille les comices, où son autorité est si grande, en faveur du jeune homme — qui fait sa paix, en dehors de lui, avec Antoine et Lépide, et qui sacrifie son vieil ami. Pendant deux jours, dit Plutarque, Octave défendit Cicéron. Ce serait bien s'il n'avait pas cédé le troisième. Et les proscriptions furent décrétées.

Aux premières nouvelles qui lui parviennent dans sa maison de Tusculum, Cicéron prend peur et se sauve. Il est remarquable, dans la vie de cet homme, combien le premier mouvement est mauvais, donc humain. Sensible à l'extrême, il a besoin de réflexion pour peser son devoir, même envers soi. Et c'est peut-être dans ce manque d'immédiat, dans cette absence de jugement rapide, l'absence de ce secret instinct toujours prompt, et qui distingue les hommes vraiment supérieurs, c'est là peut-être que nous pouvons saisir ce qui manqua à Cicéron pour être tout à fait un grand caractère, de tout premier plan. En revanche, dès qu'il s'est repris, dès qu'il a pu réfléchir et juger, il est admirable de droiture et d'infrangibilité. Après la mort de César, il erre de parti en parti, ne sachant où est le bon chemin. Enfin il aperçoit

la vérité. Alors, il fonce sur Antoine, de toutes
ses forces, méprisant tous les dangers. Il va
où sa conscience le mène, sans se soucier
des conséquences personnelles. Donc, parti de
Tusculum, il se rend à Astura. Avait-il bien,
d'ailleurs, le droit de ne pas essayer d'échapper
au meurtre ? Le premier devoir de l'homme
est de se défendre. S'abandonner soi-même
avant que soit prouvée la nécessité, constitue
une lâcheté. Tendre la gorge ou l'autre joue,
c'est se trahir, se renier, donner enfin le
plus pernicieux exemple. Barbey d'Aurevilly
écrivait un jour : « Les plus grands hommes
en politique sont ceux qui capitulent les derniers ». Cela est profondément vrai, non seulement en politique, mais en tout. Ne capitu-
lons jamais ! Nous étant résolu de notre mieux,
ne quittons la place choisie qu'à l'heure où la
résistance deviendrait une autre lâcheté, celle
de ne pas se sacrifier soi-même.

Arrivé à Astura, dans cette villa pontine
dont je regardais, l'autre jour, les restes sous
les flots, Cicéron s'embarque sur un vaisseau
et fait voile vers Circeo, vers la Grèce où
Brutus espère encore. Au pied du Circeo, cependant, il mouille et descend à terre, se pro-
menant avec agitation sur la plage. Que se
disait-il ? Il ne l'a pas écrit, et personne n'a

rapporté de confidence. Mais est-il si difficile de l'imaginer? D'un côté, Brutus révolté. De l'autre, l'ingrat Octave dont il restera désormais éloigné, de toute manière, soit qu'Octave se mette d'accord avec Antoine, soit qu'Octave restaure l'empire de César. Et, s'il regarde vers Brutus, il se rappelle qu'il a sacrifié celui-ci à Octave qui le renie. Où donc qu'il se tourne, il ne voit que ruine de ses rêves de liberté républicaine. Voyait-il aussi la ruine irrémédiable de cette aristocratie romaine dont il avait voulu le salut et qui s'abandonnait elle-même? C'est bien probable. Alors lui apparut la vanité de son dévouement de tant d'années. Il se rendit bien compte que l'heure était arrivée où il devait se préoccuper uniquement, ne pouvant plus rien sauver de son idéal, de mourir dignement, d'apporter au moins aux Romains une dernière leçon. Il comprit que son rôle était fini, que les *Philippiques* mettaient le point à la phrase de sa vie. Et il pensa alors, remonté sur son vaisseau, à s'égorger lui-même sur le seuil d'Octave.

Cette faiblesse ne dura pas. Résister à la mort, d'abord; l'accepter ensuite. Se la donner, jamais. Et, sa maison de Formies étant près de là, il se fit débarquer pour y attendre

ses assassins. On me la montre cette maison de
Formies, sur la colline située entre la vallée
que je viens de quitter et Gaëte. On m'en fait
voir la ruine, des substructions informes et sans
accent. Que m'importe! Ce n'est pas elle, disent
les archéologues ; c'est elle, disent les lettrés.
Et cela dépend de notre façon de la regarder.
Pour moi, je la vois, celle-ci ou une autre,
telle qu'elle était, toujours trop petite pour une
grande âme à contenir — ou trop grande, si
l'on veut, ou encore conforme. Arrivé chez
lui, Cicéron, tranquillement, se coucha et dor-
mit, attendant le destin. Dès lors, il va se montrer magnifique d'indifférence à tout ce qui se
passera et qui sera le dernier acte. Ses domes-
tiques le réveillent, décidés à le sauver malgré
lui. Ils le jettent en litière ; il se laisse em-
mener, sachant bien l'inutilité de tout effort
désormais. Lui seul sait qu'il n'y a plus rien
à faire qu'à mourir proprement. A peine la
litière a-t-elle pris le chemin de la mer que le
centurion Herennius et le tribun militaire Po-
pilius arrivent, enfoncent les portes et se ruent
à travers la maison. Où est-il? Pas de réponse.
Peut-être va-t-il échapper? Mais un affran-
chi de Cicéron, Philologus, trahit son maître,
ancêtre de Judas. Il indique le chemin pris
par la litière. Herennius et ses sbires s'y pré-

cipitent. Cicéron entend leurs pas. Le moment
est venu. Il fait arrêter ses porteurs, et, appuyant son menton sur la paume de sa main
gauche, son geste familier, il regarde venir la
bande écumante. Elle approche, elle est là.
Alors, il laisse tomber sa main, et tend au
glaive cette gorge qui retentit tant de fois pour
la justice et la liberté.

Je pensais tout à l'heure à d'autres morts de
héros politiques, héros par le verbe. Un certain théâtre leur donnait courage ; la guillotine haussait les âmes. Et Robespierre tenta
du suicide. Cicéron mourut seul, sans tremplin, non pas en présence d'un peuple qui
vous excite de sa cruauté ou de son attendrissement, mais en présence de serviteurs qui
peuvent vous amollir par leur affection et leur
dévouement. Il ne broncha pas, ne prononça
aucune parole emphatique, ni même simple.
Il mourait sous les coups de la haine et de l'ingratitude ; cela seul protestait en son nom
devant les hommes. La leçon se dégageait
d'elle-même — et ce n'est peut-être pas le
moindre mérite de ce beau parleur, de cet
homme d'esprit, que de s'être privé, à cette
heure, d'un mot ou d'un trait, pudeur que
Brutus n'aura pas, destiné à couronner sa mémoire. Il savait que les actes seuls importent,

et que les paroles qui ne sont pas des actes, ce
que les siennes ont toujours été, réquisitoires
ou plaidoiries, tombent stériles sur la postérité.

*
* *

Lui aussi avait suivi ce jour-là ce rivage
de Gaëte, Gaëte jetée dans la mer comme
une digue. Abattez la citadelle et son socle
de maisons, vous aurez Misène strictement,
c'est-à-dire un beau cap arrondi, projeté au
milieu des flots pour clore une rade molle.
Gaëte n'est que citadelle. Trois enceintes la
pressent et la grande rue est serrée entre
les remparts et les pentes abruptes de la
montagne. Serpentante, cette rue conduit à une
place, puis à la cathédrale dont le charmant
clocher domine tout le golfe. On grimpe ensuite vers une autre église, gothique celle-ci,
mais moderne. Rien de mémorable dans cette
ville que sa tenue générale de casemate, que
son usage militaire, consacré par des siècles
de résistance et d'attaque. Trois villes perpé-
tuèrent en Italie la grécité : Naples, Amalfi et
Gaëte. Celle-ci resta indépendante et grecque
la dernière. Nous avons vu cela, lorsque nous
nous promenions en Campanie. On connaît

l'origine de Gaëte. Virgile l'a fixée dans toutes les mémoires :

> Tu quoque littoribus nostris, Æneia nutrix,
> Æternam moriens famam Caieta dedisti,
> Et nunc servat honos sedem tuus, ossaque nomen
> Hesperia in magna, si qua est ea gloria, signat.

De même que Misène fut nommée du trompette d'Enée enterré au golfe de Baia, de même Gaëte tire son nom de la nourrice d'Enée, Caieta, morte là — voyez comme la science est une belle chose ! — en 1183 avant Jésus-Christ. Nous consolerons-nous jamais de ne pas savoir le mois ni le quantième ? D'autres nous disent que Caieta n'était pas la nourrice d'Enée, mais d'Ascagne, ce qui rajeunirait un peu la ville : et ça serait bien grave. Aussi restons-en à Virgile. Et admirons cette Gaëte, bastion de la grécité répandue d'ici à Tarente, en passant par Cumes, Naples, Amalfi, Paestum, Sybaris et tant d'autres couronnes de la mer gréco-latine. Les Angevins, ces malfaiteurs, la réduisirent enfin. Alphonse d'Aragon, en 1440, bâtit la citadelle qui va devenir dès lors le boulevard de la monarchie napolitaine. C'est à elle que chacun demandera un abri lors des tourmentes. Notre connétable de Bourbon y fut enterré, ou plutôt placé dans une châsse, debout, habillé de velours vert à

galons d'or, épée au côté, botté, ses armes
auprès de lui. Le Bourbon-Farnese, Charles III,
le fit enterrer en 1759, par souvenir familial,
par prudence aussi : il ne fallait pas qu'un
soldat révolté contre son roi risquât de devenir un saint, une idole. De nos jours Masséna
assiégea Gaëte six mois durant ; en 1848,
Pie IX s'y réfugia et y resta deux ans. Mais, en
cette terre campanienne, si près de Naples
où je serai demain, c'est à l'agonie de la monarchie des Bourbons que je songe avant tout.
Ici se termina, en 1860, le dernier acte du
drame commencé en 1794 lors de l'arrivée des
Français. Un Napoléon avait entrepris de dé-
barrasser Naples de ces rois exécrables, de
cette « négation de Dieu », ainsi que disait
Gladstone. Un Napoléon consomma, un peu
malgré lui peut-être, cette justice.

Ferdinand II, digne successeur de son grand-
père Ubu, était mort ; et l'avait remplacé
son fils François II, aussi pleutre que ses
ancêtres. Garibaldi venait de conquérir la
Sicile. Il s'avançait vers Naples, ramassant sur
son passage l'armée même envoyée contre
lui, sans combat. Il paraissait, et les bataillons
se rangeaient derrière lui. François comprend
que, s'il essaye de tenir dans Naples, il sera
emporté par l'émeute, balayé, exécuté. Il

réunit donc un conseil de guerre, et demande à celui-ci son avis. Lorsqu'on consulte quelqu'un dans des cas de ce genre, c'est pour faire prendre aux autres la responsabilité de sa propre lâcheté. Les conseillers, qui ne tenaient pas plus que François à se perdre, déclarent que rien ne peut empêcher Garibaldi d'entrer à Naples. Ils se gardent bien d'ajouter qu'il reste la ressource de se défendre, et de ne mourir que l'heure venue, lorsqu'on aura prouvé, comme Cicéron, que le devoir suprême, bien mourir, vous est apparu à son plan et à son tour. Un seul, Carrascola, accomplit son devoir : « Si Votre Majesté quitte Naples, s'écrie-t-il, Elle n'y rentrera jamais ». François, du moins, ne répliqua pas : « Mais si je ne quitte pas Naples, je serai tué ». Et, le 6 septembre, François s'en alla, en appelant au jugement des âges présents et futurs. Ce jugement est prononcé aujourd'hui, impitoyable.

Bien entendu, si François quitte Naples, ce n'est pas pour se préserver lui-même, mais pour le bien de ses sujets, à qui il veut épargner les horreurs de la guerre civile. Cela n'est-il pas touchant de la part de l'un de ces Bourbons qui ne cessaient de déchaîner les lazzaroni sur les citoyens ? Rendons une

justice à François, cependant. Son père,
partant pour la Sicile, sous la protection de
Lady Hamilton, avait emporté avec lui tout
l'argent des banques et les œuvres d'art du
musée. François partit sans rien prendre : le
lui aurait-on, d'ailleurs, permis? Il voulut
s'offrir des adieux solennels. Vingt personnes
seulement se présentèrent pour les recevoir.
Le soir venu, François s'embarque sur le *Messagero* et cingle vers l'est, faisant signe aux
vaisseaux en rade de le suivre; aucun n'obéit.
François passa la nuit sur le pont. A six heures
du matin, le 7 septembre, le *Messagero* mouil-
lait devant Gaëte. A onze heures, le ministre
de l'Intérieur télégraphiait, de Naples, à Garibaldi, qu'on l'attendait. Garibaldi était là,
déjà, et, à midi, il faisait son entrée dans
Naples aux acclamations du peuple.

En s'enfermant dans Gaëte, François n'avait
rien à perdre, puisque tout était perdu, mais
tout à gagner au contraire. L'intérêt de Victor-Emmanuel est de se montrer magnanime,
d'épargner le sang des frères italiens. D'autre
part, l'Europe ne permettra pas un égorgement
royal. On peut encore intéresser à la cause
perdue les trônes divers, et regagner quelque
chose. Aussi, j'avoue être peu touché par l'argument des historiens disant que François

voulait finir « en beauté » et qu'il y finit. François sait son rôle terminé ; il n'entend nullement mourir à Gaëte, et, en préservant ses jours par un geste noble, éveiller la sympathie de ses compères en monarchie et en hypocrisie qui lui feront peut-être restituer quelque lambeau de son pouvoir effondré sous le dégoût. Aussi ne puis-je admirer sa résistance dans Gaëte, ce qu'on appelle son héroisme, pas même celui de sa femme Maria Sophia, la Bavaroise, la sœur de l'infortunée impératrice Élisabeth d'Autriche. Le geste de Gaëte n'avait rien du sacrifice, mais tout de la prudence.

La preuve que François ne tenait pas du tout à mourir dignement, c'est qu'il évita de se mettre à la tête de l'armée qui lui restait. Fuir à Gaëte c'était bien, à la condition d'en repartir aussitôt pour rejoindre le général Ritucci sur le front des troupes concentrées aux bords du Volturne et du Garigliano, quarante mille hommes environ. Il y eut une bataille du Volturne que gagna Garibaldi. Ferdinand n'y assistait pas ; il se tenait enfermé dans Gaëte, à l'abri des coups. Et il lançait une proclamation où il insultait ses sujets en parlant du « bon renom des Napolitains suffisamment discrédité déjà ». Qui donc avait jeté sur

Naples tant de discrédit devant toute l'Europe indignée?

Après la défaite du Volturne, Gaëte seule reste à prendre. Victor-Emmanuel envoie Cialdini en faire le siège. Cialdini comptait, pour son attaque, sur la coopération de la flotte piémontaise, commandée par l'amiral Persano. Celui-ci resta inactif. Pourquoi donc?

Ainsi que Oudinot sauva le pape, l'amiral français Le Barbier de Tinan sauvait François. Il plaça son vaisseau entre Persano et Gaëte. Thouvenel a dit, depuis, que Tinan avait dépassé ses instructions qui étaient simplement de ménager à François une fuite possible. Mais Tinan était logique, et fin aussi. Il avait bien compris, outre que la première chose à faire pour ménager une fuite était d'empêcher que le fuyard ne sautât, car alors il n'y eût plus eu de fuyard, Tinan avait bien compris que Napoléon III, pressé par Pie IX, voulait défendre François. Mais Napoléon se trouva seul pour cette défense. L'Autriche elle-même abandonnait le roi ; il n'y avait vraiment plus rien à tirer de cette dynastie qui devait disparaître ; il fallait couper ce chancre, trop dangereux pour les autres parties à peu près saines encore du corps monarchique européen. Et Tinan reçut l'ordre de rester spectateur impartial.

Le 6 novembre 1860, les opérations du siège
commencèrent simultanément sur terre et sur
mer, la mer devant cependant, et d'un commun
accord, rester libre pour les approvisionne-
ments fournis par le pape.

Il ne fallait donc compter que sur le bombardement; quel espoir pouvait-on nourrir,
dès lors, de voir la fin? C'était clair. On allait
jouer à la guerre afin de négocier une reddition. Le roi est installé au palais royal, luxueux,
avec sa femme, la reine-mère et ses enfants,
ses oncles et tous les fonctionnaires de la cour,
plus quelques ambassadeurs étrangers, ceux de
l'Autriche, du pape, de la Russie, de la Prusse
et de l'Espagne. Quant à Napoléon, son ambassadeur résidait en rade; Le Barbier de
Tinan se chargeait de transmettre et de recevoir les propositions. Cela dura jusqu'au 21 novembre où la cour quitta le palais pour un
abri plus sûr, une casemate blindée. Mais il
devenait de plus en plus évident que les
canons n'auraient pas raison de Gaëte qui en
avait vu d'autres. Et tant que Tinan serait là,
la place recevrait de quoi subsister. Victor-
Emmanuel porte donc tous ses efforts sur les
négociations avec la France. Il demande éner-
giquement le rappel de Tinan. Napoléon répond en conseillant à François de capituler.

Et François répond avec hauteur et incon-
science : « Vous n'ignorez pas que les rois qui
sont descendus de leur trône n'y remontent
que si leur malheur est racheté par la gloire.
Si je suis encore un peu souverain, je suis
soldat davantage (que fait-il donc derrière des
murs ?), puisque je ne règne plus que sur un
rocher au milieu de soldats. Puis-je abandonner, parce que je suis personnellement en
danger, mon armée fidèle et cette Gaëte rempart de la monarchie napolitaine depuis tant de
siècles?... Je saurai mourir... ». Et, cependant,
il se démenait auprès des puissances pour
qu'elles empêchassent Napoléon de retirer sa
flotte. Et Napoléon de conseiller : « Alors,
concluez une armistice, prélude d'un traité.
Mais je ne puis indéfiniment m'opposer aux
événements nécessaires ».

Cialdini, las de ces pourparlers sans solu-
tion, pressa les opérations du siège. Le 7 janvier, un accord fut signé, aux termes duquel
toute opération devait être suspendue du 9
au 19 ; ce jour-là, Tinan s'en irait, abandon-
nant Gaëte à son sort. Malheureusement, le 8,
Cialdini tenta un effort qui échoua. François
en conçut un espoir un peu fou, et il repoussa
les offres honorables de capitulation qui lui
furent faites. Et, le 19 janvier, Tinan s'en

alla. François n'espérait plus, — il espérait en cela, le malheureux ! — que dans un nouveau Fra Diavolo qui viendrait le délivrer. Gaëte, en attendant les brigands, fut définitivement bloquée. La garnison comptait douze mille hommes, que le typhus décima bientôt. Alors ce fut la guerre en dentelles. Maria Sophia joua à l'infirmière ; et, quand elle quittait sa casemate blindée, on hissait le drapeau noir sur les maisons où elle s'arrêtait pour visiter les malades : les batteries évitaient de tirer dessus. Maria Sophia courait alors aux remparts pour s'offrir aux balles. Cialdini, d'ailleurs, envoyait ses médecins et ses médicaments, et laissait passer les convois de malades que Naples recevait aussitôt.

Cialdini comprend enfin qu'il faut en finir avec cette comédie. Le 22 commence le véritable et sérieux bombardement. Ce jour-là, Gaëte échangea avec la flotte plus de vingt mille projectiles qui firent peu de mal. Cialdini tire alors de terre ; les batteries sautent les unes après les autres. Un jour, cependant, François demande une trêve pour permettre, dit-il, de fouiller dans les décombres. Cialdini consent à la trêve, et François en profite pour réparer les brèches. Cialdini, pris de colère, redouble ses attaques ; et, le 11 février, à la

veille du dernier assaut, François demande à
négocier sa reddition. Cialdini accepta de cau-
ser, mais sans cesser de bombarder. Le troisième
jour, un obus fit sauter trois cent soixante mille
livres de poudre, une poudre qui sécha oppor-
tunément l'encre de la capitulation enfin si-
gnée. Les honneurs de la guerre étaient ac-
cordés aux troupes. La forteresse était livrée
avec tout son matériel. Les officiers et soldats
devaient être considérés comme prisonniers de
guerre, jusqu'au jour de la reddition de Messine qui tenait toujours, et du petit port de
Civitella, sur le Tronto, et qui ne devait se rendre que sur l'ordre envoyé par François, de
son exil. Le roi, enfin, s'embarquerait sur un
navire français, *La Mouette.* Il s'y embarqua
le matin du 14 février, après trois mois de
siège et un de bombardement. François se
rendit à Rome, où il habita son palais Farnese
jusqu'en 1870. Il vint alors à Paris, où tout le
monde put le voir, refusant tout autre logis
qu'un hôtel meublé, rue Boissy d'Anglas, toujours prêt à repartir, et cela eût été la seule
allure, assez noble, de cette vie pitoyable, si
ce n'eût été une pitrerie.

Pour qui aime Naples, a étudié ses vicissitudes et son histoire, Gaëte fournit du golfe
enchanteur et de ses destins la plus émouvante

synthèse. A la majestueuse beauté de ses rives
et de son rocher inexpugnable, elle ajoute
toute la vie du royaume depuis les Grecs jusqu'au dernier Bourbon. Il n'est pas une phase
de l'histoire de Naples qui n'ait eu sa répercus-
sion sur cette citadelle, sur ce rocher flottant,
toujours refuge suprême, et souvent sauveur,
des différentes dynasties. La dernière fois,
Gaëte renonça à jouer son rôle : elle aussi,
avait assez des Bourbons ! Pointant vers le
large, Gaëte enfin s'évada, se refusa plus longtemps à servir les desseins de servitude. Aujourd'hui, paisible ville de garnison, elle n'a
plus de gloire propre. Elle participe, modeste,
à la prospérité commune. Demain, du haut
des Camaldules, au-dessus de Naples, je la
saluerai une dernière fois d'un fervent hommage qui embrassera tout son cycle, depuis
les Grecs jusqu'au plus grand héros de l'Italie,
jusqu'à Garibaldi.

TABLE DES MATIÈRES

CHARTRES. — IMPRIMERIE DURAND, RUE FULBERT.

BIBLIOTHÈQUE VARIÉE

FORMAT IN-16, BROCHÉ

A 3 FR. 50 LE VOLUME

PUBLICATIONS

LITTÉRAIRES, HISTORIQUES, PHILOSOPHIQUES

SCIENTIFIQUES, ARTISTIQUES, ETC.

About (Edmond) : *Le roman d'un brave homme.* 1 vol.
— *La Grèce contemporaine.* 1 vol.
Albert (Maurice) : *Les médecins grecs à Rome.* 1 vol.
— *Les théâtres de la foire.* 1 vol.
   Ouvrage couronné par l'Académie française.

Albert (Paul) : *La poésie*, études sur les chefs-d'œuvre des poètes de tous les temps et de tous les pays. 1 vol.
— *La prose*, études sur les chefs-d'œuvre des prosateurs de tous les temps et de tous les pays. 1 vol.
— *La littérature française, des origines à la fin du* XVIe *siècle.* 1 vol.
— *La littérature française au* XVIIe *siècle.* 1 vol.
— *La littérature française au* XVIIIe *siècle.* 1 vol.
— *La littérature française au* XIXe *siècle; les origines du romantisme.* 2 vol.
— *Poètes et poésies.* 1 vol.
Angellier (Aug.) : *Le chemin des saisons*, poésies. 1 vol.
— *A l'amie perdue*, poésies. 1 vol.
— *Dans la lumière antique*, 4 vol. Les dialogues d'amour. 1 vol.— Les dialogues civiques. 1 vol. — Les épisodes. 1re et 2e parties, 2 vol.
Anthologie grecque, traduite sur le texte publié par F. Jacobs, avec des notices sur les poètes de l'Anthologie. 2 vol.

Aristophane : *Œuvres complètes*, trad. française par M. C. Poyard. 1 vol.
Asselin : *Paysages d'Asie.* 1 vol.
Aynard (J.). : *La vie d'un poète* : S. T. Coleridge. 1 vol.
Baldensperger (F.) : *Études d'histoire littéraire.* 1 vol.

Barckhausen (H). : *Montesquieu, ses idées et ses œuvres, d'après les papiers de Brède.* 1 vol.

Bardoux (J.) : *Silhouettes d'Outre Manche.* 1 vol.

Barine (Arvède) : *Essais et fantaisies.* 1 vol.

— *Saint François d'Assise et la légende des trois compagnons.* 1 vol.
— *La jeunesse de la Grande Mademoiselle* (1627-1652). 3e édition. 1 vol.
— *Louis XIV et la Grande Mademoiselle* (1652-1693). 1 vol.
— *Madame, mère du Régent.* 1 vol.

Bentzon (Th.) : *Questions américaines.* 1 vol.
— *Promenades en Russie.* 1 vol.

Berger (A.) : *Histoire de l'éloquence latine depuis l'origine de Rome jusqu'à Cicéron*, publiée par M. V. Cucheval. 2 vol.
   Ouvrage couronné par l'Académie française.
   Voir *Cucheval.*

Brunetière, de l'Académie française : *Études critiques sur l'histoire de la littérature française.* 8 vol.
> Ouvrage couronné par l'Académie française.
> 1re série : La littérature française au moyen âge. — Pascal. — Mme de Sévigné. — Molière. — Racine. — Montesquieu. — Voltaire. — La littérature française sous le premier Empire. 1 vol.
> 2e série : Les Précieuses. — Bossuet et Fénelon. — Massillon. — Marivaux. — La direction de la librairie sous Malesherbes. — Galiani. — Diderot. — Le théâtre de la Révolution. 1 vol.
> 3e série : Descartes. — Pascal. — Le Sage. — Marivaux. — Prévost. — Voltaire et Rousseau. — Classiques et romantiques; 6e édition. 1 vol.
> 4e série : Alexandre Hardy. — Le roman français au xviie siècle. — Pascal. — Jansénistes et Cartésiens. — La philosophie de Molière. — Montesquieu. — Voltaire. — Rousseau. — Les romans de Mme de Staël. 1 vol.
> 5e série : La réforme de Malherbe et l'évolution des genres. — La philosophie de Bossuet. — La critique de Bayle. — La formation de l'idée de progrès. — Le caractère essentiel de la littérature française. 1 vol.
> 6e série : La doctrine évolutive et l'Histoire de la littérature. — Les fabliaux du moyen âge et l'origine des contes. — Un précurseur de la pléiade : Maurice Scève. — Corneille. — L'esthétique de Boileau. — Bossuet. — Les Mémoires d'un homme heureux. — Classique ou romantique ? André Chénier. — Le cosmopolitisme et la littérature nationale. 1 vol.
> 7e série : Un épisode de la vie de Ronsard. — Vaugelas et la théorie de l'usage. — Jean de la Fontaine. — La langue de Molière. La Bibliothèque de Bossuet. — L'évolution d'un genre : La tragédie d'évolution d'un poète : Victor Hugo : La littérature européenne au xixe siècle. — Appendice. 1 vol.
> 8e série : Une nouvelle édition de Montaigne. — La maladie du burlesque. — Les époques de la comédie de Molière. — L'éloquence de Bourdaloue. — L'Orient dans la littérature française. — Les transformations de la langue française au xviiie siècle. — Joseph de Maistre et son livre du « Pape ». 1 vol.

— *L'évolution des genres dans l'histoire de la littérature.* Tome Ier : Introduction. Evolution de la critique depuis la Renaissance jusqu'à nos jours. 1 vol.

Busquet (Ch.) : *Le poème des heures.* 1 vol.

Busquet-Pagnerre (Mme) : *Pour ceux qui pleurent.* 1 vol.

Byron (Lord) : *Œuvres complètes,* traduites de l'angl. par Benjamin Laroche. 4 vol., qui se vend. sépar. :
> I. *Childe-Harold.* 1 vol. — II. *Poèmes.* 1 vol. — III. *Drames.* 1 vol. — IV. *Don Juan.* 1 vol.

Cabart-Danneville, sénateur : *La défense de nos côtes.* 1 vol.

Calemard de Lafayette. *La Montée,* poème. 1 vol.

Canat (René). *La Renaissance de la Grèce antique.* 1 vol.

Caro (E.), de l'Académie française : *L'idée de Dieu et ses nouveaux critiques.* 1 vol.
> Ouvrage couronné par l'Académie française.

— *Le matérialisme et la science.*

— *Mélanges et portraits.* 2 vol.

— *Poètes et romanciers.* 1 vol.

— *Philosophie et philosophes.* 1 vol.

Cervantes : *Don Quichotte,* traduit de l'espagnol par M. L. Viardot. 2 v.

Chantavoine (H.) : *L'Éducation joyeuse,* en vacances, en famille. 1 vol.

— *Aux champs,* poésies. 1 vol.

Charmes (F.), membre de l'Institut : *Études historiques et diplomatiques.* 1 vol.

Chateaubriand : *Le génie du christianisme.* 1 vol.

— *Les martyrs et le dernier des Abencerages.* 1 vol.

— *Atala; René; les Natchez.* 1 vol.

— *Pages choisies,* par V. Giraud. 1 v.
> Voir *Giraud.*

Chavanon (J.) et G. Saint-Yves : *Joachim Murat* (1767-1815). 1 vol.
> Ouvrage couronné par l'Institut.

Chefs-d'œuvre des littératures étrangères (Traduction des). Voir : *Byron, Cervantes, Dante, Ossian, Shakespeare.*

Chefs-d'œuvre de la littérature grecque (Traduction des). Voir : *Anthologie grecque, Aristophane, Diodore de Sicile, Eschyle, Euripide, Hérodote, Homère, Lucien, Plutarque, Sophocle, Thucydide, Xénophon.*

Chefs-d'œuvre de la littérature latine (Traduction des). Voir : *Juvénal et Perse, Lucrèce, Plaute, Sénèque, Tacite, Tite-Live, Virgile.*

Chevillet (J.) : *Ma vie militaire* (1800-1810). 1 vol.

Chevrillon (A.). *Dans l'Inde.* 1 vol.
— *Études anglaises.* 1 vol.
— *Nouvelles études anglaises.* 1 vol.
— *Sydney-Smith et la renaissance des idées libérales en Angleterre au XIXe siècle.* 1 vol.
  Ouvrages couronnés par l'Académie française.
— *Terres mortes, Thébaïde, Judée.*
— *Sanctuaires et paysages d'Asie.*
— *Un crépuscule d'Islam,* le Maroc.
— *La pensée de Ruskin.* 1 vol.

Compayré, inspecteur général de l'Instruction publique : *Histoire critique des doctrines de l'éducation en France depuis le XVIe siècle.* 2 vol.
  Ouvrage couronné par l'Académie française et par l'Académie des sciences morales et politiques.
— *Études sur l'enseignement et sur l'éducation.* 1 vol.
— *Jules Gaufrès,* sa vie et son œuvre. 1 vol.

Corbin (Cl Ch.) : *Notes et souvenirs d'un officier d'état-major (1881-1901).* 1 vol.

Coubertin : *L'éducation anglaise en France.* 1 vol.
— *Universités transatlantiques.* 1 vol.
— *Notes sur l'éducation publique.* 1 vol.

Couyba (Ch.-M.) : *Les Beaux-Arts et la Nation.* 1 vol.

Coynart (Ch. de) : *Une sorcière au XVIIIe siècle : Marie-Anne de la Ville (1680-1725).* 1 vol.
— *Les malheurs d'une grande dame sous Louis XV.* 1 vol.
— *Une petite-nièce de Lauzun.* 1 vol.

Cruppi (Jean) : *Un avocat journaliste au XVIIIe siècle : Linguet.* 1 vol.

Cucheval (V.) : *Histoire de l'éloquence latine depuis la mort de Cicéron jusqu'à l'avènement d'Hadrien (43 avant J.-C., 117 après J.-C.).* 2 vol.
  Ouvrage couronné par l'Académie française.
  Voir *Berger.*

Dante : *La divine comédie,* traduction P. A. Fiorentino. 1 vol.

Danton : *Discours,* publiés par A. Fribourg. 1 vol.

Daudet (E.) : *Histoire des conspirations royalistes du Midi sous la Révolution (1790-1793).* 1 vol.
— *Le roman d'un conventionnel.* Hérault de Séchelles et les Dames de Bellegarde. 1 vol.

Daudet (E.) (suite), *La Révolution de 1830 et le procès des ministres de Charles X.* 1 vol.
— *La Terreur blanche,* épisodes et souvenirs (1815). 1 vol.
— *Récits des temps révolutionnaires.*
— *Nouveaux récits des temps révolutionnaires.* 1 vol.
— *L'exil et la mort du général Moreau.* 1 vol.

Dehérain (H.) : *Études sur l'Afrique.* Soudan oriental, Éthiopie, Afrique équatoriale, Afrique du sud. 1 vol. avec 11 cartes.
  Ouvrage couronné par l'Académie française.
— *L'expansion des Boers au XIXe siècle.* 1 vol. avec huit cartes.
  Ouvrage récompensé par l'Institut.

Delahache (G.) : *Alsace-Lorraine, la carte au liseré vert.* 1 vol.

Deltour, ancien inspecteur général de l'instruction publique : *Les ennemis de Racine au XVIIe siècle ;* 5e édition. 1 vol.
  Ouvrage couronné par l'Académie française.

Deschanel (E.) : *Études sur Aristophane.* 1 vol.

Dieulafoy (Marcel), de l'Institut : *Le roi David.* 1 vol.

Diodore de Sicile : *Bibliothèque historique,* traduite et annotée par M. F. Hœfer. 4 vol.

Douady (J.), maître de conférences à l'Université de Lyon : *Vie de William Hazlitt* l'essayiste. 1 vol.
  Ouvrage couronné par l'Académie française.

Du Camp (M.), de l'Académie française : *Paris, ses organes, ses fonctions, sa vie.* 6 vol.
— *Les convulsions de Paris.* 4 vol.
— *La charité privée à Paris.* 1 vol.
— *La Croix-rouge de France,* société de secours aux blessés militaires de terre et de mer. 1 vol.
— *Le crépuscule.* 1 vol.

Dugard : *La Société américaine.*
  Ouvrage couronné par l'Académie française.

Duruy (A.) : *L'instruction publique et la démocratie (1879-1886).* 1 vol.

Duruy (V.), de l'Académie française : *Introduction générale à l'histoire de France.* 1 vol.

Eschyle : *Les tragédies,* traduction française par M. Ad. Bouillet. 1 vol.

Esmein (A.), de l'Institut : *Gouverneur Morris*, un témoin américain de la Révolution française. 1 vol.

Estournelles de Constant (Baron d') : *La vie de province en Grèce.* 1 vol.

Euripide : *Théâtre et fragments,* trad. française par Hinstin. 2 vol.

Fage (René) : *Vers les steppes et les oasis.* Algérie, Tunisie. 1 vol.

Félice (H. de) : *Les Naissances françaises.* 1 vol.

Ferry (G.) : *Le coureur des bois.* 2 vol.
— *Costal l'Indien.* 1 vol.

Figuier (L.) : *Histoire du merveilleux dans les temps modernes.* 2 vol.
Les prophètes protestants. 1 vol.
Le magnétisme animal. 1 vol.
— *Le lendemain de la mort ou La vie future selon la science.* 1 vol.
— *Vies des savants illustres de l'antiquité.* 2 vol.
Voir *Gautier.*

Filon (A.) : *Mérimée et ses amis.* 1 vol.
— *La caricature en Angleterre.* 1 vol.

Fleury (Comte) : *Les Drames de l'histoire.* Mesdames de France pendant l'émigration, Mme de Lavalette, Gaspar Hauser. 1 vol.

Fouillée, membre de l'Institut : *La philosophie de Platon.* 4 vol.
Tome I : Théorie des idées et de l'amour.
Tome II : Esthétique, morale et religion platonicienne.
Tome III : Histoire du platonisme et de ses rapports avec le christianisme.
Tome IV : Essais de philosophie platonicienne.
— *L'enseignement au point de vue national.* 1 vol.
— *L'idée moderne du droit.* 1 vol.
— *La science sociale contemporaine.*

Prager (Maurice) : *A la barre de l'histoire* (1805-1820). 1 vol.

Franck (Ad.), de l'Institut : *Essais de critique philosophique.* 1 vol.
— *Nouveaux essais de critique philosophique.* 1 vol.

Funck-Brentano : *Légendes et archives de la Bastille.* 1 vol.
— *Le drame des poisons.* 1 vol.
— *L'affaire du collier,* 1 vol.
— *La mort de la reine,* les suites de l'affaire du Collier, d'après de nouveaux documents. 1 vol.
— *La Bastille des Comédiens.* 1 v.
— *Les nouvellistes* avec la collaboration de M. Paul, d'Estrée. 1 vol.
— *Figaro et ses devanciers.* 1 vol.

Fustel de Coulanges, de l'Institut : *La cité antique.* 1 vol.
Ouvrage couronné par l'Académie française.

Gailly de Taurines : *Aventuriers et femmes de qualité.* 1 vol.
— *Père et Fille :* Philippe de Champagne et sœur Catherine de Ste Suzanne, à Port-Royal. 1 vol.

Garnier (Ad.) : *Traité des facultés de l'âme.* 3 vol.
Ouvrage couronné par l'Académie française.

Garnier (Mme Ch.) : *Une famille parisienne universitaire au XIXᵉ siècle.* 1 vol.

Gaultier (P.), professeur de philosophie au collège Stanislas : *Le rire et la caricature.* 1 vol. avec 16 planches hors texte.
Ouvrage couronné par l'Académie française.
— *Le sens de l'art.* Sa nature, son rôle, sa valeur. 1 vol. avec 16 planches hors texte.
Ouvrage couronné par l'Institut.
— *L'Idéal moderne :* La question morale. — La question sociale. — La question religieuse. 1 vol.
Ouvrage couronné par l'Institut.
— *Reflets d'histoire.* 1 vol.
— *La vraie éducation.* 1 vol.

Gautherot (G.) : *La question de la langue auxiliaire internationale.* 1 vol.

Gauthiez (P.) : *L'Italie du XVIᵉ siècle.*
— *L'Arétin* (1492-1556). 1 vol.

Gautier (E.) : *L'année scientifique et industrielle* de L. Figuier, 1901 à 1910. 10 vol.

Gebhart (E.), de l'Académie française : *L'Italie mystique,* histoire de la Renaissance religieuse au moyen âge. 1 vol.
— *Moines et papes.* 1 vol.
— *Au son des Cloches,* contes et légendes. 1 vol.
— *Conteurs florentins du moyen âge.* 1 vol.
— *D'Ulysse à Panurge,* contes héroï-comiques. 1 vol.
— *Sandro Botticelli.* 1 vol.

Gendarme de Bévotte (G.), professeur au lycée Louis-le-Grand : *La légende de don Juan.* 2 vol.
Ouvrage couronné par l'Académie française.

Geoffroy Saint-Hilaire (Etienne) : *Lettres écrites d'Egypte* recueillies par M. E.-T. Hamy, de l'Institut. 1 v.

Gérôme, peintre. Voir *Moreau-Vauthier.*

Girard (J.), de l'Institut : *Études sur la poésie grecque.* 1 vol.

Giraud (Victor), professeur à l'Université de Fribourg : *Essai sur Taine.* 1 vol.
  Ouvrage couronné par l'Académie française.
— *Chateaubriand, études littéraires.*
— *Pages choisies de Chateaubriand.*
— *Livres et questions d'aujourd'hui.*
— *Blaise Pascal,* étude d'histoire morale. 1 vol.

Glachant (P. et V.) *Papiers d'autrefois.* 1 vol.
  Ouvrage couronné par l'Académie française.
— *Essai critique sur le théâtre de Victor Hugo.* 2 vol.

Glotz (G.), professeur d'histoire au lycée Louis-le-Grand : *Études sociales et juridiques sur l'antiquité grecque.* 1 vol.

Goumy (E.) : *Les latins* (Plaute et Térence — Cicéron — Lucrèce — Catulle — César — Salluste — Virgile — Horace). 1 vol.

Gréard (O.), de l'Académie française : *De la morale de Plutarque.* 1 vol.
  Ouvrage couronné par l'Académie française.
— *L'éducation des femmes par les femmes.* Études et portraits. 1 vol.
— *Éducation et instruction.* 4 vol. :
  Enseignement primaire. 1 vol.
  Enseignement secondaire. 2 vol.
  Enseignement supérieur. 1 vol.
  Chaque ouvrage se vend séparément.
— *Edmond Schérer* 1 vol.
— *Prévost-Paradol.* Étude suivie d'un choix de lettres. 1 vol.

Griselle (abbé) : *Fénelon,* étude critique. 1 vol.

Guiraud (P.), ancien professeur à la Faculté des lettres de Paris : *Fustel de Coulanges.* 1 vol.
— *Études économiques sur l'antiquité.* 1 vol.
  Ouvrage couronné par l'Académie française.

Guizot (F.) : *Le duc de Broglie.* 1 vol.
— *Lettres de M. Guizot à sa famille et à ses amis.* 1 vol.
— *Les années de retraite de M. Guizot,* lettres à M. et Mme Lenormant. 1 vol.

Guizot (Guillaume) : *Montaigne,* études et fragments. 1 vol.

Hauréau (B.), de l'Institut : *Bernard Délicieux et l'inquisition albigeoise* (1300-1320). 1 vol.

Haussonville (Cte), de l'Académie : *A l'Académie et autour de l'Académie.*

Hayem (J.) : *Quelques réformes dans les écoles primaires.* 1 vol.

Hémon (F.), inspecteur général de l'Instruction publique : *Ernest Bersot et ses amis.* 1 vol.

Henry (Victor) : *Les littératures de l'Inde.* 1 vol.

Heinz (H) : *Chansons et Poèmes,* transcription en rimes françaises par Maurice Pellisson. 1 vol.

Hérodote : *Histoires,* traduction française avec notes par P. Giguet.

Hervé (E.) : *La crise irlandaise depuis la fin du XVIIIe siècle jusqu'à nos jours.* 1 vol.

Hinstin (G.) : *Chefs-d'œuvre des orateurs attiques,* trad. nouv. 1 v.

Homère : *Œuvres complètes,* traduction française par P. Giguet. 1 vol.

Hübner (Comte de) : *Promenade autour du monde* (1871). 2 vol.
— *Sixte-Quint d'après des correspondances diplomatiques* 2 vol.

Hue (G.) : *Un complot de police sous le Consulat.* 1 vol.

Imbart de la Tour : *Questions d'histoire sociale et religieuse.* Époque féodale. 1 vol.

Jeanneney (J.) : *Associations et syndicats de fonctionnaires.* 1 vol.

Joly (H.), de l'Institut : *Psychologie des grands hommes.* 1 vol.
— *Psychologie comparée : l'homme et l'animal.* 1 vol.
  Ouvrage couronné par l'Académie des sciences morales et politiques.
— *Le socialisme chrétien.* 1 vol.
— *Problèmes de science criminelle.* 1 vol.

Jouffroy (Th.) : *Cours de droit naturel.* 2 vol.
— *Mélanges philosophiques;* 1 vol.

Jullian (C.), de l'Institut, professeur au Collège de France : *Vercingétorix,* avec 7 cartes et plans. 1 vol.
  Ouvrage couronné par l'Académie française.

Jung (Eug.), ancien vice-résident de France en Indo-Chine : *Les puissances devant la révolte arabe.* 1 vol.

Jusserand (J.) : *Les Anglais au moyen âge.* 2 vol.
> *La vie nomade en Angleterre et les routes d'Angleterre du XIVe siècle.* 1 vol.
> Ouvrage couronné par l'Académie française.
> *L'épopée mystique de William Langland.* 1 vol.

Juvénal et Perse : *Œuvres,* suivies des Fragments de Lucilius, de Turnus et de Sulpicia. Traduction publiée avec les imitations et des notices par E. Despois. 1 vol.

Kergomard(Mme): *L'éducation maternelle dans l'école.* 2 vol.

Kropotkine (Pierre) : *L'Entr'aide, un facteur de l'évolution,* trad. de l'anglais. 1 vol.

Lacretelle (P. de) : *Les origines de la jeunesse de Lamartine* (1790-1820). 1 vol.

Lafenestre (G.), de l'Institut : *La vie et l'œuvre de Titien.* 1 vol.

— *Saint François d'Assise et Savonarole inspirateurs de l'art italien.*

Laffitte (P.) : *Le paradoxe de l'égalité. La représentation proportionnelle.* 1 vol.

Lafoscade (L.), professeur agrégé au lycée de Lille : *Le théâtre d'Alfred de Musset.* 1 vol.

Lamartine : *Œuvres,* 22 vol.
> *Premières méditations poétiques.* 1 v.
> *Nouvelles méditations.* 1 vol.
> *Harmonies poétiques.* 1 vol.
> *Recueillements poétiques.* 1 vol.
> *Jocelyn.* 1 vol.
> *La chute d'un ange.* 1 vol.
> *Voyage en Orient.* 2 vol.
> *Confidences.* 1 vol.
> *Nouvelles confidences.* 1 vol.
> *Lectures pour tous.* 1 vol.
> *Le manuscrit de ma mère.* 1 vol.
> *Histoire des Girondins.* 6 vol.
> *Correspondance*(1807-1852) 4 vol

— *Œuvres choisies,* par M. R. Waltz. 2 vol. Prose 1 vol. — Poésie 1 vol.

Lamenais. Voir *Spuller.*

Langlois(Ch.), professeur à la Faculté des lettres de Paris : *Questions d'histoire et d'enseignement.* 2 vol.
> Ouvrage couronné par l'Académie française.

— *La société française au XIIIe siècle,* d'après dix romans d'aventures. 1 vol.

— *La vie en France au moyen âge* d'après quelques moralistes du temps. 1 vol.

— *Connaissance de la nature et du Monde au Moyen âge.* 1 vol.

Langlois (Ch.) et Seignobos, professeurs à la Faculté des lettres de Paris : *Introduction aux études historiques.* 1 vol.

Lapauze (H.) : *Mélanges sur l'art français.* 1 vol.

Larroumet (G.), membre de l'Institut: *La comédie de Molière.* 1 vol.

— *Etudes d'histoire et de critique dramatiques.* 1 vol.

— *Nouvelles études d'histoire et de critique dramatiques.* 1 vol.

— *Etudes de littérature et d'art.* 2 vol.

— *Marivaux,* sa vie et ses œuvres.

— *L'art et l'État en France.* 1 vol.

— *Petits portraits et notes d'art.* 2 vol.

— *Derniers portraits.* 1 vol.

— *Etudes et critiques dramatiques.* 2 vol.

La Sizeranne (Robert de) : *La peinture anglaise contemporaine;* ses origines préraphaélites, ses maîtres actuels, ses caractéristiques. 1 v.

— *Ruskin et la religion de la beauté.* 1 vol. avec 2 portraits.

— *Ruskin, pages choisies...* 1 vol.

— *Le miroir de la vie,* essais sur l'évolution esthétique, avec gravures. 2 vol.

— *Les questions esthétiques contemporaines.* 1 vol.

Latreille (C.) : *Joseph de Maistre et la Papauté.* 1 vol.

— *Francisque Bouillier,* le dernier des Cartésiens. 1 vol.

— *L'opposition religieuse au Concordat.* (1792-1803). 1 vol.

— *Après le Concordat,* l'opposition depuis 1803 jusqu'à nos jours. 1 vol.

La Vaulx (Cte de) : *Seize mille kilomètres en ballon.* 1 vol.

Lavisse(E.), de l'Académie française: *Etudes sur l'histoire de Prusse.*

— *Essais sur l'Allemagne impériale.*

Lavollée (Ch.) : *Essais de littérature et d'histoire.* 1 vol.

Le Breton (A.) : *Le roman au XVIIe siècle.* 1 vol.
> Ouvrage couronné par l'Académie française.

Leclére (Albert), professeur agrégé à l'université de Berne : *L'Education morale rationnelle.* 1 vol.
> Ouvrage récompensé par l'Institut.

Leger (Louis), de l'Institut : *Russes et Slaves*, études politiques et littéraires. 3 vol.
   1re série : Les Slaves et a civilisation. — Formation de la nationalité russe. — Les débuts de la littérature russe. — La femme et la société russe au xvie siècle etc. 1 vol. (*Épuisée*.)
   2e série : Le développement intellectuel de la Russie. — La comédie russe au xviiie siècle : Von Vizine. — Les premières années de Catherine II. — En Bohême, notes de voyage. 1 vol.
   3e série : Un précurseur : Radistchev. — Les Russes en France. — Le Césarevitch en Orient. — L'enseignement du russe. — Adam Mickiewicz. — Mickiewicz et Pouchkine. — La littérature tchèquo. 1 vol.
— *Le monde slave, études politiques et littéraires*. 2 vol.
— *Souvenir d'un Slavophile*. 1 vol.

Lehugeur (A.) : *La chanson de Roland*, traduite en vers modernes, avec le texte ancien en regard.

Lemonnier (H.), professeur à l'École des Beaux-Arts : *L'art français au temps de Richelieu et de Mazarin.*
   Ouvrage couronné par l'Académie française.

Leneru (M.) : *Les affranchis*, pièce en 3 actes. 1 vol.

Lenient, ancien professeur à la Faculté des lettres de Paris : *La satire en France au moyen-âge.*
   Ouvrage couronné par l'Académie française.
— *La satire en France, ou la littérature militante au xvie siècle*. 2 vol.
— *La poésie patriotique en France au moyen âge*. 1 vol.
— *La poésie patriotique en France dans les temps modernes, du xvie au xixe siècle*. 2 vol.
— *La comédie en France au xviiie et au xixe siècle*. 4 vol.

Leroy-Beaulieu (A.), de l'Institut : *Un homme d'État russe (Nicolas Milutine), d'après sa correspondance écrite. Etude sur la Russie et la Pologne pendant le règne d'Alexandre II (1855-1872)*. 1 vol.

Lévy (Raphaël-Georges) : *Mélanges financiers*. 1 vol.

Lévy-Bruhl : *L'Allemagne depuis Leibniz (Essai sur le développement de la conscience nationale en Allemagne, 1700-1848)*. 1 vol.

Lévy-Wogue (voir *Manuel*).

Lichtenberger (E.), professeur à la Faculté des lettres de Paris : *Étude sur les poésies lyriques de Gœthe*; 2e édition. 1 vol.
   Ouvrage couronné par l'Académie française.

Liégeard (S.) : *Au caprice de la plume* (Études — Fantaisies — Critique). 1 vol.
— *Rêves et combats*. 1 vol.

Loir (Maurice) et de Cacqueray, lieutenants de vaisseau : *La marine et le progrès*. 1 vol.

Luce (S.), de l'Institut : *Jeanne d'Arc à Domremy*. 1 vol.
— *La France pendant la guerre de Cent Ans*, épisodes historiques et vie privée aux xive et xve siècles. 2 vol.

Luchaire (A.), de l'Institut : *Innocent III. Rome et l'Italie*. 1 vol.
— *Innocent III. La Croisade des Albigeois*. 1 vol.
— *Innocent III. La Papauté et l'Empire*. 1 vol.
— *Innocent III. La question d'Orient*. 1 vol.
— *Innocent III. Les royautés vassales du Saint-Siège*. 1 vol.
— *Innocent III. Le concile de Latran et la réforme de l'Eglise*. 1 vol.
   Collection couronnée par l'Institut.

Lucien : *Œuvres complètes*, trad. française par M. Talbot. 2 vol.

Lucrèce : *De la nature*, traduction française par M. Patin. 1 vol.

Macdonald (F.) : *La Légende de J.-J. Rousseau*, rectifiée d'après une nouvelle critique et des documents nouveaux. 1 vol.

Malherbe : *Œuvres poétiques*.

Mangin (Lt-Cl) : *La force noire*. 1 v.

Manuel (Eugène) : *Mélanges en prose*. 1 vol.
— *Lettres de jeunesse*, publiées par M. Lévy-Wogue. 1 vol.

Maréchal (H.) : *Rome, souvenirs d'un musicien*. 1 vol.
   Ouvrage couronné par l'Académie française.
— *Paris. Souvenirs d'un musicien (185.-1870)*. 1 vol.

Marquiset. *Le vicomte d'Arlincourt, prince des romantiques*. 1 vol.

Martha (C.), de l'Institut : *Les moralistes sous l'empire romain*. 1 vol.
   Ouvrage couronné par l'Académie française.

Martha (*suite*): *Le poème de Lucrèce.*
1 vol.
> Ouvrage couronné par l'Académie
> française.
— *Études morales sur l'antiquité.* 1 v.
— *La délicatesse dans l'art.* 1 vol.
Martinenche (E.), docteur ès lettres :
*La comédie espagnole en France
de Hardy à Racine.* 1 vol.
— *Propos d'Espagne.* 1 vol.
— *Molière et le théâtre espagnol.* 1 vol.
> Ouvrage couronné par l'Académie
> française.
Masson : *La sorcellerie et la science
des poisons.* 1 vol.
Masson (Maurice), professeur à l'U-
niversité de Fribourg : *Fénelon et
Madame Guyon.* 1 vol.
— *Madame de Tencin.* 1 vol.
Maurel : *Petites villes d'Italie,* 1re sé-
rie. *Toscane, Venetie.* 1 vol.
— 2e série. *Emilie, Marches. Ombrie.*
1 vol.
3e série. *Abbruzzes, Pouille, Cam-
panie.* 1 vol.
— *Un mois à Rome.* 1 vol.
Méline (Jules) : *Le retour à la terre
et la surproduction industrielle.* 1 v.
Merlant (J.) : *Le roman personnel
de Rousseau à Fromentin.* 1 vol.
Mézières (A.), de l'Académie fran-
çaise : *Shakespeare, ses œuvres et
ses critiques.* 1 vol.
— *Prédécesseurs et contemporains de
Shakespeare.* 1 vol.
— *Contemporains et successeurs de
Shakespeare.* 1 vol.
> Ces trois ouvrages ont été couronnés par
> l'Académie française.
— *Hors de France :* Italie, Espagne,
Angleterre, Grèce moderne. 1 vol.
— *Vie de Mirabeau.* 1 vol.
— *Gœthe,* les œuvres expliquées
par la vie (1795-1832). 2 vol.
— *Pétrarque.* Étude d'après de nou-
veaux documents. 1 vol.
> Ouvrage couronné par l'Académie
> française.
— *Morts et vivants.* 1 vol.
— *Au temps passé.* 1 vol.
— *Silhouettes de soldats.* 1 vol.
— *Hommes et femmes de jadis.* 1 vol.
— *De tout un peu.* 1 vol.
— *Pages d'automne.* 1 vol.
Michel (Emile), de l'Institut : *Études
sur l'histoire de l'art* (Diego Velaz-
quez; les débuts du paysage dans
l'école flamande; Claude Lorrain;
les arts à la cour de Frédéric II). 1 v.

Michel (Emile) (*suite*) : *Nouvelles
études sur l'histoire de l'art.* 1 v.
Michel (Henri) : *Le Quarantième
Fauteuil.* 1 vol.
— *Notes sur l'enseignement secon-
daire.* 1 vol.
— *Propos de morale.* 3 vol.
Michelet (J.) : *L'insecte.* 1 vol.
— *L'oiseau.* 1 vol.
Mismer (Ch.) : *Souvenirs de la Mar-
tinique et du Mexique.* 1 vol.
— *Souvenirs du monde musulman.*
Molière. Voir *Larroumet, Marti-
nenche, Rigal, Stapfer, Vézinet.*
Monod (Bernard) : *Le moine Guibert
et son temps (1053-1124).* 1 vol.
Monod (G.), de l'Institut : *Jules
Michelet, sa vie et ses œuvres.* 1 vol.
Montaigne. Voir *Guizot, Stapfer.*
Montégut (E.) : *Types littéraires et
fantaisies esthétiques.* 1 vol.
— *Les écrivains modernes de l'An-
gleterre.* 3 vol.
> 1re série (Épuisée).
> 2e série : Mistress Gaskell. — Mis-
> tress Browning. — George Borrow.
> — Alfred Tennyson. 1 vol.
> 3e série : Anthony Trollope. — Miss
> Yonge. — Charles Kingsley. — Les
> souvenirs d'un écolier anglais. —
> Conybeare : un plaidoyer anglican
> contre l'incrédulité. 1 vol.
— *Livres et âmes des pays d'Orient.*
1 vol.
— *Choses du Nord et du Midi.* 1 vol.
— *Mélanges critiques* (Victor Hugo —
Edgar Quinet — Michelet —
Edmond About). 1 vol.
— *Dramaturges et romanciers.* 1 vol.
— *Heures de lecture d'un critique.*
1 vol.
> Voir *Shakespeare.*
Moreau-Vauthier : *Gérôme,* peintre
et sculpteur. 1 vol. avec portraits.
Moüy (Comte de) : *Discours sur l'his-
toire de France.* 1 vol.
Murat. Voir *Chavanon et St-Yves.*
Napoléon. Voir *Rosebery et Zur-
linden.*
Nisard, de l'Académie française :
*Études de mœurs et de critique sur
les poètes latins de la décadence.*
2 vol.
Noblemaire (S.) : *En congé* (Egypte,
Ceylan, Sud de l'Inde). 1 vol.
— *Aux Indes* (Madras, Nizam,
Cashmire, Bengale). 1 vol.

Norman-Angel : *La grande illusion*. 1 vol.

Nourrisson (J.), de l'Institut : *Les Pères de l'Église latine, leur vie, leurs écrits, leur temps*. 2 vol.

Ossian : *Poèmes goeliques*. 1 vol.

Paris (G.), de l'Académie française : *La poésie du moyen âge, leçons et lectures*. 2 vol.

> 1re série : Les origines de la littérature française ; La chanson de Roland; Le pèlerinage de Charlemagne; L'ange et l'ermite; L'art d'aimer ; Paulin Paris et la littérature au moyen âge. 1 vol.
>
> 2e série : La littérature française du XIIe siècle; L'esprit normand en Angleterre ; Les contes orientaux dans la littérature française au moyen âge; La légende du mari aux deux femmes; La parabole des trois anneaux; Siger de Brabant; La littérature française au XIVe siècle; La poésie française au XVe siècle. 1 vol.

— *Légendes du moyen âge*. 2e éd. 1 vol.

> Roncevaux. — Le Paradis de la Reine Sibylle. — La Légende du Tannhäuser. — Le Juif errant. — Le Lai de l'Oiselet.

— *La littérature française au moyen âge*. 1 vol.

Patin : *Études sur les tragiques grecs*. Trois parties qui se vendent séparément :

> Études sur Eschyle. 1 vol.
> Études sur Sophocle. 1 vol.
> Études sur Euripide. 2 vol.

— *Études sur la poésie latine*. 2 v.

— *Discours et mélanges littéraires*.

> Voir Lucrèce.

Pellat (S.) : *L'éducation aidée par la graphologie*. 1 vol.

Pellissier : *Le mouvement littéraire au XIXe siècle*. 1 vol.

> Ouvrage couronné par l'Académie française.

Pellisson (M.) : Voir Heine.

Picot (G.), de l'Institut : *La réforme judiciaire en France*. 1 vol.

— *Histoire des États généraux*. 5 vol.

> Ouvrage qui a obtenu en 1874 le grand prix Gobert.

Pineau : *L'évolution du roman en Allemagne, au XIXe siècle*. 1 vol.

Plaute : *Les comédies*, traduction française par M. Sommer. 2 vol.

Plutarque : *Les vies des hommes illustres*, trad. par M. Talbot. 4 vol.

— *Œuvres morales et œuvres diverses*, trad. par M. Bétolaud. 5 vol.

> Ouvrage couronné par l'Académie française.

Pomairols (Ch. de) : *Lamartine*. Étude de morale et d'esthétique. 1 vol.

> Ouvrage couronné par l'Académie française.

Prévost-Paradol : *Études sur les moralistes français*. 1 vol.

Quinet (Edgar). *Œuvres complètes*. 30 vol.

> Génie des religions. 1 vol.
> Les Jésuites. — L'ultramontanisme. La christianisme et la révolution française. 1 vol.
> Les révolutions d'Italie. 5e édition. 2 vol.
> Marnix de Sainte-Aldegonde. — Philosophie de l'histoire de France. 1 vol.
> Les Roumains. — Allemagne et Italie.
> Premiers travaux : Introduction à la philosophie de l'histoire. — Essai sur Herder. — Examen de la vie de Jésus. — Origine des dieux. — L'Église de Brou. 3e édition. 1 vol.
> La Grèce moderne. — Histoire de la poésie. 1 vol.
> Mes vacances en Espagne. 5e édit. 1 vol.
> Ahasvérus. — Tablettes du Juif errant. Prométhée. — Les esclaves. 1 vol.
> Napoléon (poème). (Épuisé.) 1 vol.
> L'Enseignement du peuple. — Œuvres politiques avant l'exil. 1 vol.
> Histoire de mes idées (Autobiographie). Merlin l'Enchanteur. 2 vol.
> La révolution. 3 vol.
> Campagne de 1815. 1 vol.
> La Création. 2 vol.
> Le Livre de l'exilé. — La révolution religieuse au XIXe siècle. — Œuvres politiques pendant l'exil. 2e édit. 1 vol.
> Le siège de Paris. — Œuvres politiques après l'exil. 1 vol.
> La République. — Conditions de régénération de la France. 1 vol.
> L'esprit nouveau. 1 vol.
> Le génie grec. 1 vol.
> Correspondance. — Lettres à sa mère. 2 vol.
>
> Chaque ouvrage se vend séparément.

— *Extraits de ses œuvres*. 1 vol.

Ralston : *Contes populaires de la Russie*. 1 vol.

Rey (Guido) : *Le Mont Cervin*. 1 vol.

Reyssié : *La Jeunesse de Lamartine*. 1 vol.

Ricardou, docteur ès lettres, professeur au lycée Charlemagne : *La critique littéraire*, étude philos. 1 v.

Rigal (E.), prof. à la Faculté des lettres de Montpellier : *Le Théâtre français avant la période classique*. 1 vol.

— *Molière*. 2 vol.

> Ouvrage récompensé par l'Académie française.

Ritter (Eug.), doyen de la faculté des lettres de Genève : *La famille et la jeunesse de J.-J. Rousseau*. 1 vol.
    Ouvrage couronné par l'Académie française.

Robiquet (P.) : *Histoire et Droit*. 2 vol.

— *Philippe Buonarotti et la suite des égaux*. 1 vol.

Rochard (Dr Jules) : *Questions d'hygiène sociale*. 1 vol.

Rolland (Romain) : *Musiciens d'autrefois*. 1 vol.

— *Musiciens d'aujourd'hui*. 1 vol.

— *Théâtre de la Révolution*. 1 vol.

— *Le Théâtre du peuple*. 1 vol.

Rosebery (Lord) : *Napoléon ; la dernière phase*. 1 vol.

Roujon (H.) : *En marge du temps*. 1 v.

— *La Galerie des Bustes*. 1 vol.

— *Dames d'autrefois*. 1 vol.

Rousse (Edmond), de l'Académie française : *Lettres à un ami, 1845-1880*. 2 vol.

Rousset (C.), de l'Académie française : *Histoire de la guerre de Crimée*. 2 vol.

Roustan (M.) *Les philosophes et la Société française au XVIIIe siècle*. 1 vol.
    Ouvrage couronné par l'Académie française.

Ruinat de Gournier : *Un amour de philosophe*, Bernardin de Saint-Pierre et Félicité Didot. 1 vol. avec 8 grav.

Ruskin (J.) : *Pages choisies*, par R. de la Sizeranne. 1 vol.

Sagnac (Ph.), professeur à la Faculté des lettres de Lille : *La Révolution du 10 août 1792, la Chute de la Royauté*. 1 vol.

Sainte-Beuve : *Port-Royal*. 7 vol.

Saint-Simon (Duc de) : *Mémoires*, publiés par MM. Chéruel et Ad. Regnier fils. 22 vol.
    Le tome XXI contient le Supplément, publié par M. de Boislisle, et le tome XXII, la Table alphabétique des Mémoires, rédigée par M. Paul Guérin.

— *Scènes et portraits*, choisis dans les Mémoires, par M. de Lanneau. 2 v.

Schneider (R.), agrégé des lettres : *L'Ombrie, l'âme des cités et des paysages*. 1 vol.
    Ouvrage couronné par l'Académie française.

— *Rome, complexité et harmonie*. 2e édition. 1 vol.

Schopenhauer. Voir *Bossert*.

Schrœder (V.), professeur au lycée Carnot : *L'abbé Prévost, sa vie et ses romans*. 1 vol.

Sénèque le Philosophe : *Œuvres complètes*, traduction française par M. J. Baillard. 2 vol.

Shakespeare : *Œuvres complètes*, traduites de l'anglais par M. E. Montégut. 10 volumes, qui se vendent séparément.
    Les tomes I, II et III comprennent les comédies ; les tomes IV, V et VI, les tragédies ; les tomes VII, VIII et IX, les drames ; le tome X, Cymbeline, les poèmes, les petits poèmes et les sonnets.
    Ouvrage couronné par l'Académie française.

Sigwalt (Ch.), professeur au lycée Michelet : *De l'enseignement des langues vivantes*. 1 vol.

Simon (Jules), de l'Académie française : *La liberté politique*. 1 vol.

— *La liberté civile*. 1 vol.

— *Le devoir*. 1 vol.
    Ouvrage couronné par l'Académie française.

Sophocle : *Tragédies*, traduites en français par M. Bellaguet. 1 vol.

Souriau (P.), professeur à la Faculté des lettres de Nancy : *L'imagination de l'artiste*. 1 vol.

Spencer (Herbert) : *Faits et Commentaires*, trad. de l'anglais. 1 vol.

Spuller (E.) : *Lamennais*. 1 vol.

Staël (Mme de) : *Lettres inédites à Henri Meister*, publiées par MM. P. Usteri et Eug. Ritter. 1 vol.

Stapfer (P.), doyen honoraire de la Faculté des lettres de Bordeaux : *Molière et Shakespeare*. 1 vol.
    Ouvrage couronné par l'Académie française.

— *La famille et les amis de Montaigne*. Causeries autour du sujet. 1 v.

Strabon : *Géographie*. 4 vol.

Tacite : *Œuvres complètes*, traduites en français par J.-L. Burnouf. 1 vol.

Taine (H.), de l'Académie française : *Essai sur Tite-Live*. 1 vol.
    Ouvrage couronné par l'Académie française.

— *Essais de critique et d'histoire*. 1 vol.

— *Nouveaux Essais de critique et d'histoire*. 1 vol.

— *Derniers Essais de critique et d'histoire*. 1 vol.

Taine (H.) *(suite)* : *Histoire de la littérature anglaise.* 5 vol.
— *La Fontaine et ses fables.* 1 vol.
— *Les philosophes classiques du* XIXᵉ *siècle en France.* 1 vol.
— *Voyage aux Pyrénées.* 1 vol.
— *Notes sur l'Angleterre.* 1 vol.
— *Notes sur Paris : vie et opinions de Frédéric-Thomas Graindorge.* 1 v.
— *Carnets de voyage, notes sur la province (1863-1865).* 1 vol.
— *Un séjour en France de 1792 à 1795, Lettres d'un témoin de la Révolution française. Traduit de l'anglais.* 1 vol.
— *Voyage en Italie;* 2 vol., qui se vendent séparément :
    Tome I. *Naples et Rome.*
    Tome II. *Florence et Venise.*
— *De l'intelligence.* 2 vol.
— *Philosophie de l'art* 2 vol.
— *Les Origines de la France contemporaine.* 11 vol. :
    L'ANCIEN RÉGIME. 2 vol.
    LA RÉVOLUTION. 6 vol. : *L'Anarchie.* 2 vol. — *La Conquête jacobine.* 2 vol. — *Le Gouvernement révolutionnaire.* 2 vol.
    LE RÉGIME MODERNE. 3 vol. —
— *Table analytique.* 1 fr.
— *Sa vie, sa correspondance.* 4 vol.
— *Pages choisies.* 1 vol.
— *Étienne Mayran, fragments.* 1 v.
Texte (Joseph), docteur ès lettres, *Jean-Jacques Rousseau et les origines du cosmopolitisme littéraire au* XVIIIᵉ *siècle.* 1 vol.
    Ouvrage couronné par l'Académie française.
Thamin (R.), recteur de l'Académie de Bordeaux : *Un problème moral dans l'antiquité; étude de casuistique stoïcienne.* 1 vol.
    Ouvrage couronné par l'Académie des sciences morales et politiques.
Thomas (Émile), professeur à la Faculté des lettres de Lille : *Rome et l'empire aux deux premiers siècles de notre ère.* 1 vol.
Thucydide : *Histoire de la guerre du Péloponèse, trad. par M. Bétant.* 1 vol.
Tiersot (J.) : *Hector Berlioz et la société de son temps.* 1 vol.
    Ouvrage couronné par l'Académie française.
— *Les fêtes et les chants de la Révolution française.* 1 vol.

Tite-Live : *Histoire romaine, traduction française par M. Gaucher, professeur au lycée Condorcet.* 4 vol.
Toulouse (Dʳ) : *Comment former un esprit.* 1 vol.
— *Comment se conduire dans la vie.* 1 vol.
Toutain (Ed.) : *Études de mythologie et d'histoire des religions antiques.* 1 vol.
Varigny (De) : *L'Océan Pacifique.* 1 v.
— *Les grandes fortunes aux États-Unis et en Angleterre.* 1 vol.
Vézinet (F.) : *Les maîtres du roman espagnol.* 1 vol.
— *Molière, Florian et la littérature espagnole.* 1 vol.
Vignon (L.) : *L'exploitation de notre empire colonial.* 1 vol.
Ville-Hardouin : *Histoire de la conquête de Constantinople. Texte rapproché du français moderne et mis à la portée de tous par M. Natalis de Wailly.* 1 vol.
Villetard de Laguérie : *Trois mois avec le Maréchal Oyama.* 1 vol.
Virgile : *Œuvres complètes, traduction française par M. Cabaret-Dupaty.* 1 vol.
Vivien (commandant) : *Souvenirs de ma vie militaire (1702-1822).* 1 vol.
Wagner (C.) : *Pour les petits et les grands, simples causeries sur la vie et la manière de s'en servir.* 1 vol.
    Ouvrage couronné par l'Institut.
— *A travers les choses et les hommes.* 1 vol.
— *Par le sourire.* 1 vol.
Waddington (Ch.) de l'Institut : *La philosophie ancienne et la critique.*
Wallon, de l'Institut : *Vie de N.-S. Jésus-Christ, selon la concordance des quatre évangélistes;* 3ᵉ édit. 1 vol.
— *La Terreur, études critiques sur l'histoire de la Révolution française;* 2 vol.
— *Jeanne d'Arc;* 2 vol.
    Ouvrage qui a obtenu de l'Académie française le grand prix Gobert.
— *Éloges académiques.* 2 vol.
Weil (H.), de l'Institut. *Études sur le drame antique.* 1 vol.
— *Étude sur l'antiquité grecque.* 1 v.
Xénophon : *Œuvres complètes, trad. par M. Talbot.* 2 vol.
Zurlinden (Général) : *La guerre de 1870-1871;* 3ᵉ édition. 1 vol.
— *Napoléon et ses maréchaux.* 2 v.